AF174965

# GENOCIDIO
## en GUATEMALA

# GENOCIDIOS

# Gonzalo Sichar

# GENOCIDIO
## en GUATEMALA

Primera edición, septiembre de 2025

© Gonzalo Sichar, 2025
© Fotografía de portada: Gonzalo Sichar. Lugar de la masacre de Xamán, un mes después. Noviembre de 1995

© Última línea, S.L., 2025
Juan Cortés Cortés, 3
29010 Málaga
www.ultimalinea.es
editorial@ultimalinea.es

 www.facebook.com/EditorialUltimaLinea

 @EdUltimaLinea

ISBN: 978-84-18492-20-4
Depósito legal: MA 962-2025
THEMA: NHTZ, 1KLCG

Impreso en España – Unión Europea

*A mi madre y a mi padre, que me apoyaron en mi vuelta a Guatemala después de la masacre de Xamán, aun pensando que tal vez ya nunca volvería a casa*

*Este libro ve la luz justo cuando se cumplen 30 años de la última masacre cometida en Guatemala. A sus víctimas también va dedicado*

*«El enemigo no es destruido en la batalla. Le ganas destruyendo su mente, su inteligencia y su esperanza»*
Inscripción en un cartel del Ejército, El Petén

*«El Ejército no asesina indios, asesina demonios; porque los indios están endemoniados, son comunistas»*
Pastor neopentecostal de la zona de Nebaj (Triángulo Ixil)

# ÍNDICE

**Cuadro 1.** Datos socieconómicos de la República de Guatemala

**Superficie:** 108.890 Km$^2$

**Población:** 18.120.000 habitantes (2023)

**Índice de Desarrollo Humano:** 0,629 (2022), posición 136 de 193

**PIB:** 96.559 millones de euros (2023), puesto 72 de 196

**PIB real per cápita:** 5.486 € (2023)

**Deuda externa total:** 12,20% sobre PIB (2023)

**Esperanza de vida al nacer:** 72,6 años (2023)

**Población que vive en la pobreza:** 56% (2023)

**Mortalidad infantil:** 17,27 ‰ (2021)

Fuente: Elaboración propia con datos de diferentes agencias de Naciones Unidas

**Gráfico 1.** Mapa de la República de Guatemala

Niños mam en la selva de Alta Verapaz, en la comunidad Aurora Ocho de Octubre.
Fotografía: Gonzalo Sichar

# CAPÍTULO I

# GUATEMALA: UN PAÍS EN CIFRAS

## 1. Quauhtemallan: tierra de árboles

Todavía no existe un consenso entre historiadores y académicos respecto al origen del nombre Guatemala, adoptado durante la época de la conquista española, la creencia más enraizada es que se debe a la castellanización de la palabra nahuatl —pueblo que habitaba este territorio antes de la llegada de los mayas— «Quauhtemallan», que significa «tierra de abundantes florestas».

En antiguos escritos españoles se consigna que Cuahutimal quiere decir «fuente que como sangrada arroja un betún con el que se untaban en sus tristezas» los indígenas. Pero una de las primeras menciones de Guatemala como tal se consignó en una carta que Pedro de Alvarado envió a Hernán Cortés, fechada el 11 de abril de 1524, donde anotó: «Y vine en dos días a esta ciudad de Guatemala».

Otra posible explicación es la de fray Francisco Ximénez. En su *Descripción Geográfico Moral de la Diócesis de Guatemala*, obtenida tras recorrer el territorio entre 1768 y 1770, consignó que Guau-themallan «quiere decir árbol podrido o lugar de árboles». Explicación similar a la del sacerdote Domingo Juarros que, alrededor de 1800, anotó en su *Compendio de la Ciudad de Guatemala* que «este reino tiene el nombre de Guatemala, de la voz Quauhtemali, que en la lengua mexicana quiere decir palo podrido».

Esta definición pudo originarse en que los indios mexicanos que acompañaban a Pedro de Alvarado encontraron «un árbol viejo y carcomido [...] cerca de la corte de los reyes kaqchikeles». Juarros asegura que otros españoles derivaron el nombre Guatemala de las palabras U-hate-z-ma-há, que en lengua tzendal significa cerro que arroja agua, aludiendo al monte en cuya falda se fundó la ciudad de Guatemala.

No falta quien asegure que el vocablo se deriva de Coactemalán, que en el idioma de los tlaxcaltecas quiere decir «lugar de cañas». Este nombre se lo habrían puesto los mexicanos que acompañaron a los españoles en la conquista del territorio, porque en el fondo defensivo de la ciudad maya sagrada de Iximché —en el actual departamento de Chimaltenango— había una serie de cañas que resultaban mortales para quien quisiera invadirla.

La República de Guatemala tiene poco más de 100.000 $Km^2$, aproximadamente el tamaño de Castilla-León. Administrativamente está dividido en 22 departamentos y 326 municipios. El Ejército divide al país en 23 zonas militares, una por cada departamento más la zona militar de Ixcán. Para estudiar las características del país se le suele dividir en ocho regiones —metropolitana, norte, noroccidente, suroccidente, central, nororiente, suroriente y Petén— pero la única división política es la de los departamentos y los municipios.

## 2. Estadísticas de una desigualdad

Salvo explicación diferente utilizaremos los datos del INE de Guatemala en 2012, que es su última actualización.

Sus más de quince millones de habitantes se distribuyen muy desigualmente, pues la mayor parte se concentra en la capital y en el occidente. El 51% de la población se encuentra en el área rural y las mujeres representan un 51,2%, aunque sólo posean la tercera parte de títulos de propiedad de la tierra. En 2012 la edad media de la República fue de 17 años (España la tiene en 43).

Sigue siendo un país muy violento, pues aunque la neumonía es la principal causa de muerte (21,7%), las muertes por armas de fuego ocupan el caurto lugar (10,3%).

El índice de analfabetismo es del 16,6% a nivel nacional, siendo el departamento de El Quiché el que presenta mayor índice con más del doble de la media nacional. El nivel de escolaridad en primaria es del 66,1% y del 22,2% en secundaria, afectando la deserción en mucho mayor medida a la niña, donde a principios de siglo alcanzaba el 51% en el área urbana y hasta un 81% en el área rural (GAM 2001:12).

La exclusión social y económica es muy fuerte, como se percibe en su baja posición en el Índice de Desarrollo Humano con respecto al resto del mundo (127 de 189), aunque este índice refleja una constante mejora (0,478 en 1990; 0,546 en 2000; 0,611 en 2010; 0,650 en 2017).

Después de Bolivia, Guatemala es el país americano con más población indígena. Hay 22 pueblos mayas, de los que son más numerosos los k'iche', mam, kaqchikel y q'eqchi'; además hay otro pueblo indoamericano —el xinka— prácticamente desaparecido, con menos de 300 habitantes, y otro afroamericano —el garífuna— con algo más de 15.000 hablantes. Junto a ellos, la otra mitad de la población es ladina, mestiza y criolla, descendientes de españoles y otros europeos mezclados con indígenas.

Hay una gran polémica suscitada sobre el porcentaje real de población guatemalteca de origen maya. Esta polémica refleja tanto los esfuerzos de un determinado grupo político dominante por separarse de la población en general como la descripción de cambios demográficos concretos. Los censos realizados en Guatemala siempre han distinguido entre personas indígenas y no indígenas, pero los criterios de clasificación han ido evolucionando a la par con el desarrollo de la identidad nacional. Demetrio Cojtí (1995:91-120) dedica todo un capítulo de su libro *Configuración del Pensamiento Político del Pueblo Maya* al problema del censo maya. Actualmente el INE considera indígena a quien se autodefine como tal, siendo el 40% de la población.

En el siguiente mapa podemos ver que el mapa de presencia indígena en Guatemala es casi un calco del de la exclusión social, y también coincide con el de mayor número de masacres durante la guerra.

**Gráfico 2.** Mapa de exclusión social de Guatemala

Fuente: PNUD (2000).

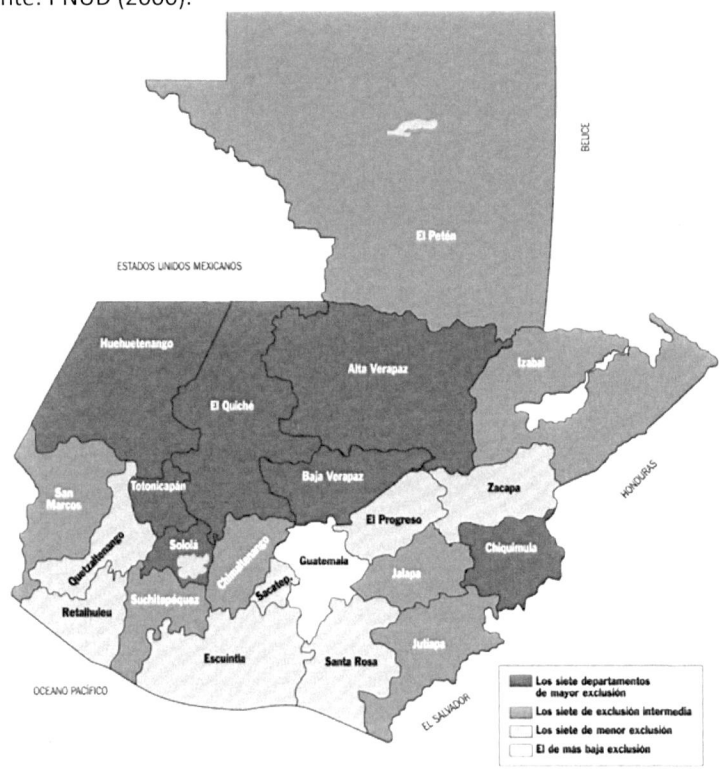

**Gráfico 3.** Mapa de comunidades lingüísticas en Guatemala

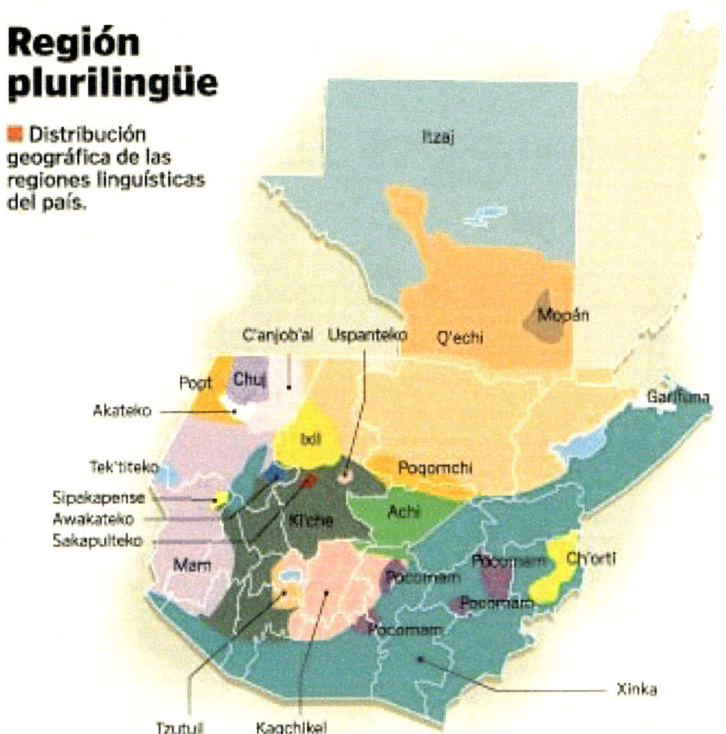

**Gráfico 4.** Mapa de masacres cometidas durante la guerra civil de Guatemala

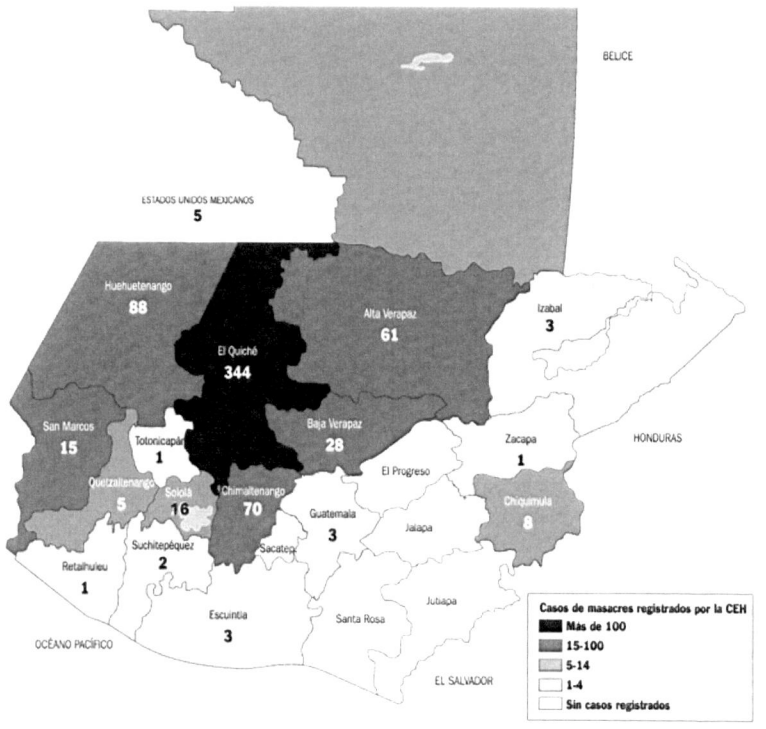

Fuente: CEH. Mis propias investigaciones rebelan algunas masacres más, pero que no distorsionan la proporcionalidad de este mapa

# CAPÍTULO II

# ANTECEDENTES Y CLAVES SOCIOHISTÓRICAS PARA ENTENDER LA HISTORIA DE GUATEMALA

El problema político principal de Guatemala ha sido (y es) de índole socioeconómico. Se trata de la excesiva concentración de tierra en manos de unas pocas familias y de multinacionales extranjeras, según mantienen organizaciones poco sospechosas de incitar a la lucha de clases como lo es la Agencia Internacional de Desarrollo de los Estados Unidos (USAID). En un informe de 1982, titulado *Land and Labor in Guatemala: An Assessment*, reconocía que Guatemala tenía la distribución de tierra más desigual en Iberoamérica.

Cuando Juan José Arévalo, presidente durante los seis primeros años del decenio democrático (1944-54), llegó al poder, el 2% de los hacendados poseía el 72% de la tierra y el 90% de la población tenía sólo el 15% de los terrenos productivos. El principal terrateniente del país era la compañía estadounidense United Fruit Company (UFCO), que de más de 225.000 hectáreas que poseía, sólo utilizaba el 15%.

Las expropiaciones de 1952 y 1953, llevadas a cabo por el gobierno de Jacobo Arbenz (1950-54), cambiaron temporalmente esta situación pero se retornó a la situación anterior en 1954 con la intervención norteamericana que colocó a un gobierno títere que devolvió las tierras a los antiguos propietarios y que aniquiló a muchos de los campesinos que habían recibido tierra.

El conflicto armado, originado en gran parte por la situación agraria no hizo sino aumentar el desequilibrio en la tenencia de la tierra. En 1979, fecha ya en la que el conflicto armado estaba provocando mucha violencia, el 88% de las parcelas eran demasiado pequeñas para satisfacer las necesidades de una familia. Más del 78% de todas las parcelas agrícolas era menor de 3,5 hectáreas y apenas ocupaba el 10% de la tierra cultivable del país (USAID 1982).

Ante el fracaso de llevar a cabo una reforma agraria, abortada mediante el golpe de Estado en 1954 por el coronel Carlos Castillo Armas, los campesinos guatemaltecos usaron otras fórmulas que les sirviera para emanciparse de los terratenientes y mejorar sus niveles y condiciones de vida. Surgieron así, impulsadas por sacerdotes católicos, mayoritariamente extranjeros y más concretamente de la orden estadounidense de los Maryknoll, las primeras cooperativas de los años sesenta. Estos sacerdotes estaban influenciados por las corrientes renovadoras surgidas en el seno de la Iglesia católica a partir del Concilio Vaticano II (1962-1965) y de la Conferencia del Episcopado Latinoamericano (CELAM), celebrada en la ciudad colombiana de Medellín en 1968.

Todo ello les llevó a ser el punto de mira de los sectores más reaccionarios del agro y del Ejército. La forma comunitaria de las cooperativas, que podían asociarse con el cristianismo primitivo, pronto fue visto más bien como una forma de comunismo y las cooperativas fueron acusadas de aliarse con la guerrilla.

La historia inmediata no es suficiente para explicar un enfrentamiento armado cuya gestación hunde sus raíces en las relaciones asimétricas y en conflictos estructurales de siglos pasados. En una sociedad como la guatemalteca, frente a la magnitud de la violencia y lo prolongado del enfrentamiento armado no es posible postular explicaciones simplistas que sitúen el conflicto armado como una manifestación directa de la confrontación Este-Oeste y la Guerra Fría, aunque ésta tenga su incidencia. Las causas internas son fundamentales en la explicación del fenómeno, aunque estuvieron condicionadas por influencias externas, sobre todo en sus momentos claves. También es cierto que las numerosísimas violaciones de derechos humanos que se produjeron, se hicieron sin el rechistar de la comunidad internacional debido a la política de bloques, donde el combate al enemigo era primordial frente al respeto de los derechos humanos.

El enfrentamiento armado en Guatemala constituyó un fenómeno cuya explicación es multicausal, con diversos factores de distinto peso. Aunque los actores más visibles del enfrentamiento son el Ejército y la insurgencia, hay otros no menos importantes como los grupos de poder económico, los partidos políticos y los diversos sectores de la sociedad civil. Además hay otros actores exógenos con una gran responsabilidad en la intensidad de la violencia y en la perduración en el tiempo. Entre éstos se encuentra principalmente Estados Unidos y particularmente a través de la CIA y la UFCO.

Pero la gran violencia desarrollada en Guatemala no se puede explicar sólo por el importante apoyo norteamericano a los aparatos represivos del Estado. También fue debida a factores ideológicos que han permanecido a lo largo de la historia guatemalteca y que contribuyeron a construir el marco que legitimara la violencia. El discurso ideológico de la historia oficial, la formación de una cultura racista, las ideologías del Ejército (honor de la nación, autoridad, jerarquía), el proyecto de 'ladinización'[1] en la historia reciente, el concepto de 'guatemaltequidad', profundizado durante el período de Ríos Montt (1982-83), en contraposición a lo 'foráneo', atribuidos a las ideologías de una guerrilla 'cubana' o 'soviética' y cualquier grupo contestatario, constituyen un persistente entramado sobre el cual se fue construyendo y consolidando la legitimación no sólo de lo violento del enfrentamiento, sino del carácter histórico de la violencia en la sociedad guatemalteca.

El sector oligárquico terrateniente, especialmente el vinculado al cultivo del café, que desde finales del siglo XIX había alcanzado una posición hegemónica, impuso sus intereses económicos como

---

1     La ladinización es el proceso de adpción por parte de los indígenas de comportamientos y componentes culturales no indígenas.

los del Estado y la nación guatemalteca. Desde entonces se privilegió el autoritarismo como mecanismo central de las relaciones entre el Estado y la sociedad. Más tarde, la coincidencia histórica entre el fin de la Segunda Guerra Mundial y el derrocamiento de la dictadura pronazi del general Ubico, que gobernó el país de 1931 a 1944, permitió la apertura de espacios de participación política, después de más de un siglo de gobiernos dictatoriales. Sin embargo, los Estados Unidos, dentro de la visión de la Guerra Fría consideraron, sobre todo a partir del Gobierno del presidente Arbenz calificado de «filocomunista» por EEUU, que lo que ocurría en Guatemala ponía en peligro la estabilidad y la seguridad del continente americano.

A partir de ese momento, el Estado guatemalteco asumió oficialmente la ideología anticomunista y justificadora del golpe de Estado de Castillo Armas, ocurrido en 1954, en pleno mcarthurismo en EEUU.

En Guatemala la desproporción cuantitativa de la violencia hace necesaria una reflexión cualitativa porque no todas las violenicas fueron iguales. Sin ir más lejos, la involucración de ambos bloques en Guatemala fue muy distinta. Mientras EEUU colaboró estrechamente organizando y apoyando el golpe de 1954 y después prestando ayuda económica, logística y militar al represor Estado guatemalteco y por ende a grupos armados paraestatales, no hay pruebas de ninguna involucración directa de la URSS. Todo lo más de Cuba, y pareciera que el apoyo que prestó a las guerrillas guatemaltecas fue menor que el realizado a las de Nicaragua, El Salvador y Colombia. Se puede afirmar que la historia real de Guatemala es más bien la contraria de la oficial[2]. La guerrilla era endógena, mientras que el Estado y la clase terrateniente recibían ayuda foránea.

---

2        Ignacio Martín-Baró, uno de los jesuitas de la Universidad Centroamericana José Simeón Cañas (UCA) asesinados en 1989 por el ejército salvadoreño, analizó la estrategia de la mentira institucionalizada del Gobierno salvadoreño, que también se puede aplicar al guatemalteco. Decía que «la 'historia oficial' […] ignora aspectos cruciales de la realidad, distorsiona otros e incluso falsea o inventa otros […]. Cuando, por cualquier circunstancia, aparecen a la luz pública hechos que contradicen frontalmente la 'historia

Y la violencia atroz que acompañó durante todo el conflicto se hace especialmente latente en los ochenta cuando la fuerte ofensiva militar puso de manifiesto la insuficiencia de fuerzas de la guerrilla, que se vio obligada a replegarse sin poder responder al Ejército. La insurgencia, agrupada desde febrero de 1982 en la Unidad Revolucionaria Nacional Guatemalteca (URNG), no esperaba la ofensiva del Ejército y se encontró totalmente incapaz de hacerle frente.

Lázara (1987:37) expresa que la experiencia de algunos conflictos armados y la derrota de algunos ejércitos modernos por fuerzas guerrilleras irregulares, fueron algunos factores que hicieron reflexionar a los militares occidentales sobre una nueva concepción de la guerra. La doctrina de la contrainsurgencia en su aplicación integral requiere no sujetarse a la ley.

Según el psicólogo Horacio Riquelme (1993:33), a partir de la guerra de Vietnam (1965-75), comienza a desarrollarse una dimensión de la guerra que incorpora los factores psíquicos: se trata de la 'guerra psicológica'. En ella, psicólogos sociales y antropólogos culturales estadounidenses que dieron seguimiento científico a la guerra de Indochina, pudieron hacer observaciones significativas y llegar a conclusiones básicas acerca de la moral de defensa de los vietnamitas: lo que más afectaba psicológicamente a los vietnamitas involucrados en la guerra no era la muerte de sus vecinos o familiares a consecuencias de la agresión norteamericana, sino el hecho de no poder celebrar las ceremonias tradicionales, con las cuales acostumbraban a mostrar su luto y despedirse ritualmente de los muertos. La ausencia de ceremonias de luto rompía el delicado vínculo cultural que relaciona a los vivos con los difuntos; la familia y la comunidad se sentían profundamente inseguras, como si hubiesen violado colectivamente un tabú; esta táctica se llamó «almas errabundas» y alcanzó un valor muy significativo en la guerra psicológica contra la población vietnamita.

oficial', se tiende alrededor de ellos un 'cordón sanitario', un círculo de silencio que los relega a un rápido olivo o a un pasado. [Y] la expresión pública de la realidad [...], el desenmascaramiento de la historia oficial [...] son consideradas actividades 'subversivas', y en realidad lo son, ya que subvierten el orden de mentira establecido» (Martín-Baró 1990a:73-74).

En todas las culturas existen ritos, normas y formas de expresión del duelo, que provienen de concepciones distintas de la vida y la muerte. En el caso de la cultura maya, no se concibe la muerte como una ausencia de vida, y la relación con los antepasados forma parte de la cotidianidad (REMHI 1998:I).

«Se tuvo que dejar los antepasados, los muertos se alejaron, los lugares sagrados también» (Caso 569 de REMHI. Cobán, Alta Verapaz, 1981).

En Guatemala el Ejército en numerosas ocasiones impidió que sus víctimas fueran enterradas o él mismo las enterró pero en fosas comunes, contraviniendo las costumbres. Sólo el 49,5% de los familiares de asesinados sabe dónde están los cadáveres y únicamente el 34% pudo realizar un funeral o entierro, porque muchos de ellos fueron impedidos de forma intencional siguiendo el *Manual de Contrainsurgencia* del Ejército, con el objetivo de aterrorizar a los sobrevivientes o no permitir el reconocimiento público de los hechos (REMHI 1998:6).

La CEH destaca que la destrucción de las comunidades no se reducía a arrasarlas materialmente, sino que conllevó la destrucción de otros elementos que la conforman, como mutilaciones y profanaciones de cadáveres de las víctimas, la prohibición a los supervivientes de enterrar a sus familiares, la imposibilidad de realizar las ceremonias de duelo y sepultura con los que se habitúa a cerrar el ciclo de la vida en las comunidades mayas. A esto hay que sumar que los supervivientes, generalmente por miedo, no regresaron a sus hogares o lo hicieron días después, por lo que, muy a menudo, encontraron los cuerpos en estado de descomposición y devorados por animales.

Además de la pérdida de sus seres queridos, la tristeza tiene un significado más global. Hay también duelo por la ruptura de un proyecto vital, familiar y en muchos casos tuvo una importante dimensión económica y política, la pérdida de estatus, de la tierra y el sentido de identidad ligado a ella (REMHI 1998:I).

Los ataques sistemáticos del Ejército contra elementos culturales, espirituales y religiosos tienen un profundo significado para la

población. En numerosos casos se observa el desprecio y la cruel-
dad usada contra los ancianos de las comunidades mayas, donde
ellos cumplen un papel vital en la práctica y reproducción de la
vida cultural y espiritual. Por otro lado, el Ejército arrasó las cose-
chas, principalmente de maíz, el cual para la cosmovisión maya
tiene un profundo significado espiritual, no fue sólo una pérdida
del alimento o una forma de privación, sino también un atentado
a la identidad comunitaria. También se ensañó contra los templos,
las imágenes y los lugares sagrados[3].

En el tratamiento de la represión guatemalteca hay una dimensión racista importante, pues si en la ciudad se utilizó de forma más
invisible a través de la 'desaparición forzada', en las zonas rurales
mayoritariamente pobladas por indígenas se efectuó de manera
masiva e indiscriminada. Según la CEH, el 83% de las víctimas del
conflicto armado es de origen maya, un porcentaje muy superior
al que correspondería por su proporción dentro de la población
guatemalteca. El componente racista de esta guerra, sin embargo,
siempre fue negado por la versión oficial, aludiendo, entre otras
razones que los soldados también eran indígenas.

---

3       Los casos de ataques a símbolos culturales, espirituales y religiosos
en las guerras es muy corriente. Así por ejemplo, en Kosovo ha habido casos de
serbios que cortaron el pelo a mujeres albanesas en presencia de sus familiares
masculinos, lo que significaba para ellas toda una humillación. En Mostar
(Herzegovina) los croatas destruyeron un puente turco del siglo XVI no por
razones militares (los serbios lo pudieron hacer meses antes y no lo hicieron
porque no aspiraban tener Mostar en su Gran Serbia) sino para dejar claro que
Herzeg-Bosna, la parte croata de Bosnia-Herzegovina, era croata y no admitía
nada musulmán.
Yo tuve la suerte de poder pisar el puente original en 1985, antes de la guerra.

Julio (ya fallecido) y Angelina, dos niños mam que retornaron del refugio mexicano y que perdieron a su madre en la masacre de Xamán, la última que cometió el Ejército.
Fotografía: Gonzalo Sichar

# CAPÍTULO III

# UNA HISTORIA ENSANGRENTADA

El estudio de la historia de Guatemala se asemeja a cómo el historiador francés Fernand Braudel (1902-1985), en su obra *La Méditerranée et le monde méditerranéen à l'époque de Philippe II* (1949), estudiaba la historia de los países mediterráneos de la segunda mitad del siglo XVI atendiendo a tres tiempos y niveles distintos: la «larga duración» de la «estructura» («ciertos marcos geográficos, ciertas realidades biológicas, ciertos límites de productividad, y hasta determinadas coacciones espirituales»); el tiempo «medio» de la «coyuntura» («una curva de precios, una progresión demográfica, el movimiento de salarios, las variaciones de la tasa de interés») y el tiempo «corto» del «acontecimiento» (la historia «episódica» del «individuo»). Esa jerarquía de tiempos y planos tendía, por su propia naturaleza, a privilegiar el estudio de los dos primeros órdenes, a practicar una «historia estructural» o «coyuntural», y a despreciar y minusvalorar la «historia episódica» de «individuos y acontecimientos».

En Guatemala el nivel estructural de la historia envuelve a su población en una espiral de violencia que recorre varios siglos. Los guatemaltecos, y más concretamente su población maya, han sufrido la carga de un Estado excluyente que al carecer de mecanismos institucionales que permitieran canalizar las inquietudes, reivindicaciones y propuestas de los distintos grupos de población definió una cultura política donde la intolerancia caracterizó la respuesta gubernamental. Pero el conflicto armado guatemalteco estuvo influenciado por una coyuntura de Guerra Fría que provocó un pico en los niveles de violencia. Hay una historia «episódica» de libertades (decenio 1944-54, cooperativas, acuerdos de paz...) que disminuyen los niveles de violencia estructural padecidos por este país centroamericano pero que no logra que desaparezca.

# 1. La 'Primavera Democrática' de 1944

Si hay dos fechas que señalar en la historia de Guatemala son los años de 1944 y 1996. La segunda fecha señalada por tratarse de la firma de la paz. 1944 porque fue el comienzo de lo que pudo ser una nueva Guatemala sino fuera porque diez años después este proyecto democrático, conocido como la 'primavera democrática', fuera abortado violentamente. En 1944 una revuelta acabó con la dictadura del general José Ubico. Tras unos intentos fallidos del poder de cambiar las caras pero no la situación, la dirección del país es asumida por una Junta Militar Provisional integrada por el coronel Jacobo Arbenz, el mayor Francisco Javier Arana y el civil Jorge Toriello Garrido que convoca elecciones generales, en 1945, en las que gana Juan José Arévalo, candidato de la coalición izquierdista formada por el Frente Popular Libertador y Renovación Nacional. La nueva Constitución concedió la libertad de expresión y de prensa; extendió el derecho de voto a los mayores de 18 años, salvo a las mujeres analfabetas —que eran más del 76% de todas las mujeres y más del 95% de las indígenas—; otorgó autonomía universitaria del poder gubernamental; garantizó libertad para organizar partidos políticos —con la excepción de los partidos extranjeros o con vínculos internacionales, como era el caso del Partido Comunista—. Además se establecieron otras medidas sociales, entre las que cabe destacar la supresión de la Ley de la Vagancia del 8 de mayo de 1934.

El Código del Trabajo, de 1947, estableció la organización de los trabajadores, el derecho de huelga, contratos obreros-patronales obligatorios, salarios mínimos y sindicalización. A pesar del cambio radical que supuso este Código, apenas afectó al 15% de los trabajadores rurales, pues la gran mayoría eran recolectores de café desorganizados y desprotegidos. Los salarios del campo apenas mejoraron, y el cambio estructural básico necesario para contrarrestar siglos de explotación y subdesarrollo, una reforma agraria, no la llevó a cabo Arévalo. Además el Código del Trabajo no estipulaba la sindicalización en fincas menores de 500 trabajadores; y, en cualquier caso, los sindicatos debían tener inicialmente al menos 50 miembros, de los que dos tercios debían saber leer y escribir; ello limitaba considerablemente las posibilidades de organización en el campo.

Como ya adelé, cuando Arévalo llegó al poder el 2% de los hacendados poseía el 72% de la tierra y el 90% de la población tenía el 15% de los terrenos productivos (Schlesinger y Kinzer 1982:50). La principal preocupación de este presidente era la diversificación productiva, siguiendo las orientaciones de la CEPAL. Para ello, el Instituto de Fomento a la Producción y el Banco de Guatemala aportaron créditos para la diversificación de la agricultura y las fincas expropiadas durante la Segunda Guerra Mundial a los alemanes se convirtieron en tierras nacionales, que se arrendaban a particulares o a sociedades anónimas.

En 1949 se promulgó la Ley de Arrendamientos Forzosos para impedir a los terratenientes expulsar a los campesinos de tierras que anteriormente les arrendaban. Pero en realidad la medida afectó más a los pequeños propietarios que a los grandes finqueros y en 1951 el poder y la propiedad de los grandes hacendados permanecían intactos (Fernández 1988:62).

En las elecciones de 1950 venció el coronel Jacobo Arbenz Guzmán, candidato de la coalición de izquierdas entre el Partido Revolucionario Auténtico, el Partido de la Revolución Guatemalteca y el Partido Comunista Guatemalteco. El objetivo del nuevo presidente era crear un capitalismo nacional independiente modernizando la economía nacional y elevando el poder adquisitivo de las masas; para ello era necesario un cambio radical estructural profundo: la tan ansiada reforma agraria.

Respecto a los tres grandes monopolios estadounidenses — United Fruit Company (UFCO), International Railroads of Central America (cuyo principal accionista era la propia UFCO) y la Empresa Eléctrica de Guatemala— Arbenz desarrolló una política de competencia: una nueva planta hidroeléctrica estatal (Jurún-Marinalá) competiría con la EEG; la carretera del Atlántico (que EEUU le negó ayuda económica para construirla) con el ferrocarril de la IRCA; y el Puerto Santo Tomás de Castilla con el de Puerto Barrios, de la UFCO.

En 1952, se aprobó la Ley de Reforma Agraria siguiendo las directrices marcadas por la CEPAL el año anterior.

Como se ha dicho en la introducción, el principal terrateniente del país era la UFCO, que de las más de 225.000 hectáreas que poseía, sólo utilizaba el 15%. Así en 1953 el Gobierno le requisa 162.000 hectáreas de tierras ociosas que representaban el 14% de todas las tierras de propiedad privada expropiadas (ya que se expropiaron otras 107 fincas nacionales) pagándole en compensación lo que la Compañía declaraba para el pago de sus impuestos, pero la multinacional exigía más de diez veces más. En junio de 1954 habían sido afectadas por la ley 1.002 plantaciones con un total de 1.200.000 hectáreas. Unos 100.000 campesinos se beneficiaron, de los cuales 30.000 eran trabajadores de las fincas nacionales. Dado que el número de campesinos sin tierras se elevaba a 248.000 en 1950, la Reforma afectó al 40,32% de los 'sin tierra' (Fernández 1988:192).

En 1953, se produjo una intervención gubernamental a la EEG, y un requisamiento a la IRCA por incumplimiento en el pago de impuestos.

## 2. La 'contrarrevolución' de 1954

La reacción contra el gobierno reformista no se hizo esperar. En el interior del país el movimiento 'anticomunista' era cada vez mayor, apoyado por latifundistas, la alta burguesía, profesionales y la Iglesia católica. Por su parte Estados Unidos comenzó desde 1953 la presión internacional, sobre todo en la Organización de Estados Americanos (OEA)[4].

Del 18 al 27 de junio de 1954, las fuerzas del coronel Castillo Armas invadieron Guatemala desde Honduras con el apoyo de la CIA. El embajador Peurifoy justificaba la invasión porque «la opinión pública de los Estados Unidos nos obliga a tomar medidas que impidan que Guatemala caiga en las garras del comunismo internacional. No podemos tolerar que la URSS se establezca entre Texas y el Canal de Panamá» (Leguineche 1998:2). Arbenz dimitió y abandonó el país. Paz Tejada fue perseguido, capturado, encarcelado, despojado de sus bienes y finalmente exilado. A partir de la 'liberación' Estados Unidos refuerza su posición política en Guatemala tratando de anular las medidas de los gobiernos reformistas de la década democrática y de silenciar las aspiraciones populares y a los líderes de la 'revolución'.

Tras una presidencia provisional del coronel Carlos Enrique Díaz, durante diez días, una Junta Militar elige al coronel Castillo Armas presidente. Después, en octubre, recibe el 99% de los votos en un plebiscito, 'legitimando' su régimen y eliminando a toda la oposición. Con el nuevo gobierno regresó el jefe de la policía secreta de Ubico.

Sólo diez días después de la victoria contrarrevolucionaria, el nuevo gobierno comenzó a devolver las tierras a los terratenientes, a disolver los sindicatos obreros y campesinos —el movi-

---

4        Las relaciones entre la Casa Blanca y el gobierno anterior, el de Arévalo, aunque fueron buenas al principio poco a poco comenzaron a enturbiarse y, según manifestó el propio presidente, la UFCO financió 32 conspiraciones en su contra. En alguna de estas conspiraciones participó el coronel Castillo Armas y sólo la intervención del jefe de las Fuerzas Armadas, Carlos Paz Tejada, evitó la ejecución del conspirador.

miento obrero se reduce de 100.000 a 27.000 miembros (González y Campos 1983:29)— y estableció el Comité de Defensa Nacional contra el Comunismo, nueva fuerza policiaca que llegó a tener en sus archivos —mediante la Ley Preventiva Penal Contra el Comunismo— expedientes de 72.000 personas 'comunistas' o simplemente simpatizantes, ya a finales de 1954 (IEPALA 1980:76)[5]. Por su parte, en compensación por el apoyo de la Iglesia a la lucha anticomunista, la Constitución de 1956 reconoció a esta institución como persona jurídica con el derecho a poseer bienes, permitió la enseñanza religiosa en el sistema educativo oficial y la creación de la universidad católica. Otra concesión, con la que el arzobispo Mariano Rosell y Arellano no estaba muy de acuerdo, fue la admisión de misioneros extranjeros, con lo que el número de sacerdotes creció entre 1950 y 1959 de 132 a 346, siendo mayor el peso de los extranjeros (REMHI 1998:46).

En junio de 1957, uno de los guardias de *corps* de Castillo Armas, Romeo Vázquez Sánchez, lo asesina y después no queda claro si se suicida (Ortega 1984:82) o lo ejecutan *in situ* (Leguineche 1998:2)[6]. El fin de Castillo Armas supuso una división dentro del movimiento anticomunista y una ruptura de la coalición de la 'liberación', disminuyendo el apoyo del arzobispo Rosell hacia el Gobierno.

---

5       En el año 2000, gobernando el FRG de Ríos Montt, la Secretaría de Asuntos Estratégicos reveló que el Ejército tenía un archivo de más de 650.000 fichados entre los que había desde activistas de derechos humanos —algunos asesinados como el obispo Juan Gerardi— a militares de extrema derecha, como Efraín Ríos Montt.

A mí me dijeron que yo figuraba en ese listado. Lo curioso es que para cerciorarme de si lo estaba, tendría que haber acudido a la Procuraduría de Derechos Humanos y dejar mis datos. Es decir, servirles en bandeja que me abrieran ficha, aunque fuera en otra dependencia gubernamental. Naturalmente nunca me pasé por ahí y a fecha de hoy sigo preguntándome si me tenían fichado y en calidad de qué.

6       Según un experto historiador al que entrevisté, y del que prefiero guardar anonimato, que vivió muy intensamente la política en aquellos años y los sucesivos, la tesis de Leguineche está más cerca de la realidad.

Se convocaron elecciones generales para el 20 de octubre de 1957. Pero ante la evidencia del fraude que daba la victoria a Ortiz Passarelli por una amplia coalición de extrema derecha, se anulan mediante un golpe de Estado, y un triunvirato militar designa al coronel Guillermo Flores Avendaño (ex jefe contra Arbenz) para que convocara nuevas elecciones, que se celebraron el 19 de enero de 1958. El alto grado de descontento que existía y la poca simpatía de los sectores burgueses hacia el partido que había liderado Castillo Armas, ayudó a acabar con el poder de la derecha más extremista. Miguel Ydígoras Fuentes fue elegido presidente. Durante su gobierno las manifestaciones populares en apoyo a la revolución cubana de 1959, alertaron a las clases dirigentes hasta el punto de que, en abril de 1960, el Gobierno rompió relaciones diplomáticas con Cuba.

En el interior de Guatemala, la situación se estaba deteriorando tanto, que muchos oficiales estaban indignados por la corrupción y por la incompetencia del nuevo presidente. La gota que colmó el vaso fue permitir que EEUU utilizara suelo guatemalteco para entrenar a los exilados cubanos preparando la invasión de Bahía Cochinos.

El 13 de noviembre de 1960 una parte del Ejército se rebeló como un movimiento nacionalista y antiimperialista contra Ydígoras. Pero a la hora del levantamiento la mayoría de los oficiales involucrados dieron marcha atrás y fue un estrepitoso fracaso. Muchos de los militares implicados en la conspiración huyeron a las montañas de Izabal y Honduras, encontrando el apoyo de los campesinos (ladinos y q'eqchi'). Según relató Yon Sosa —uno de los dirigentes de la primera guerrilla guatemalteca— posteriormente esta actitud de la gente más sencilla influyó mucho en los militares rebeldes y les fue comprometiendo con la población.

El Gobierno otorgó una amnistía para los rebeldes pero un grupo optó por no acogerse y comenzar la lucha armada.

## 3. Primeras guerrillas y gobierno 'revolucionario' antisubversivo

En medio del debate entre cubanos y soviéticos acerca de la necesidad de la lucha armada como único camino o la vía electoral para llegar al poder, en 1960 el Partido Guatemalteco del Trabajo (PGT) —heredero del Partido Comunista— en su III Congreso preconizó «la utilización de todas las formas de lucha» y un año más tarde aprobó una resolución en apoyo de la lucha armada como una posibilidad real de acceso al poder. A comienzos de 1962 ex oficiales, ex suboficiales y ex soldados involucrados en los acontecimientos del 13 de noviembre de 1960, fundaron el Frente Insurreccional Alejandro de León Aragón-13 de Noviembre, que pronto pasó a llamarse Movimiento Revolucionario-13 de Noviembre (MR-13). También nacieron otros grupúsculos guerrilleros en torno al PGT pero no fue hasta finales de 1962, con el surgimiento de las Fuerzas Armadas Rebeldes (FAR), que naciera la primera guerrilla que duraría hasta el final de la contienda. Pronto el PGT asumiría la responsabilidad de la dirección política, lo que conllevaría problemas posteriores.

Las previsiones para las elecciones de 1964 eran que el ex presidente Arévalo volvería a ganar. Para evitarlo, el 30 de marzo de 1963, Ydígoras fue depuesto por un golpe militar, encabezado por el coronel Enrique Peralta Azurdia, quien inició una feroz campaña anticomunista. El Gobierno militar derogó la Constitución, disolvió el Congreso Nacional y emitió una Carta fundamental. Para el desempeño de su rol político, el Ejército creó el Partido Institucional Democrático (PID), en septiembre de 1964, a cargo de varios civiles que estaban al servicio de los militares. El régimen se endureció pero no pudo resistir demasiado tiempo fuera del sistema de democracia representativa y el 14 de mayo de 1966, mediante un pacto previo con el Ejército se celebraron elecciones presidenciales y se estableció un gobierno civil. El gobierno militar anterior había aprobado las listas de los partidos, presentándose el citado PID, el

Movimiento de Liberación Nacional (MLN), el Partido Revolucionario (PR) y la Democracia Cristiana Guatemalteca (DCG).

En la contienda electoral el PR estaba muy debilitado y desprestigiado por su total apoyo al régimen de Peralta Azurdia. Mario Méndez Montenegro, candidato presidencial por el PR, aparece muerto en su domicilio el 31 de octubre de 1965. Entonces escogen a su hermano Julio César y, según Monteforte (1972:34), cambió radicalmente las posibilidades de este partido, pues el nuevo líder representaba todos los aspectos positivos de la Revolución del 44. Julio César se había retirado de la política en 1948 para no entrar en conflicto con la posición de su hermano y gozaba de la simpatía de los estudiantes por su actuación universitaria, y de los trabajadores, a quienes había servido como abogado. Además tenía la ventaja de no haber entrado en pugna con el simbólico Arévalo y de no hacer profesión de fe anticomunista. Sin embargo, todos mis entrevistados (pertenecientes a organizaciones de Quetzaltenango y exiliados defensores de derechos humanos) coinciden en señalar que el asesinado tenía una ideología más popular e incluso una de las primeras mujeres que ingresaron en la guerrilla me aseguraba que «Mario no iba a pactar con los militares y por eso lo eliminaron. Julio César estaba metido en el complot pero se le fue de las manos y no sabía que acabarían asesinando a su hermano» (entrevista a M.A., abril de 1999).

Sea como fuere, el PR despertó tal entusiasmo en el movimiento popular que hasta el clandestino PGT apoyó su candidatura, pese a que un amplio sector de las FAR se opuso. En la víspera de las elecciones la Policía rodeó la casa donde se reunían 25 dirigentes comunistas y los secuestró, siendo posteriormente arrojados al mar desde un avión (Fernández 1988:354). Con el triunfo del PR la mayoría de los sectores populares creyeron que se inauguraba 'el Tercer Gobierno de la Revolución' (Monteforte 1972:34).

La apariencia civil e izquierdista del nuevo gobierno, que se decía heredero de los principios de la Revolución de Octubre y anunciaba la negociación con la guerrilla, logró que la presión militar casi desapareciese y miembros de las FAR empezaron a asumir la vida civil, paseando de manera abierta por los pueblos, hacer viajes frecuentes a la capital, conceder entrevistas a la prensa nacional e internacional, con fotografías y declaraciones abiertas acerca de sus posiciones. Entretanto el Ejército se preparaba para una ofensiva importante. Así, la reacción ante las moderadísimas medidas reformistas que el Gobierno intentaba llevar a cabo fue desproporcionadísima. El plan de impuestos aconsejado por los técnicos norteamericanos de la Alianza para el Progreso tanto para hacer frente a las obras públicas como para atajar la 'subversión comunista', contó con unas resistencias tan fuertes por parte de los grupos oligárquicos que se tuvo que modificar radicalmente. El delirio de la ultraderecha guatemalteca llegaba a sostener que la Alianza para el Progreso —el plan de Kennedy para la contención del avance comunista— se debía a técnicos rusos infiltrados en la Casa Blanca (Maestre 1969:191-192). No sabían distinguir el comunismo de una política reformista precisamente diseñada para frenar al comunismo.

En este tiempo el terror comenzó a generalizarse y comenzaron a surgir los tristemente célebres escuadrones de la muerte, bandas paramilitares con nexos más o menos directos con el Ejército[7]. Todo ello presionó a Méndez para actuar contra las guerrillas y permitió que el Ejército desencadenase una represión sin precedentes en la época constitucional. Estados Unidos aumentó su ayuda militar y financiera.

El 2 de octubre, antes de esta generalización del terror Luis Turcios Lima, uno de los líderes guerrilleros, muere en circunstancias todavía sin aclarar. La guerrilla siempre ha sostenido que fue el Ejército, sin embargo, Ana Luisa (hija del fallecido) señala a la guerrilla como la autora. Fuera quien fuere, esta extraña muerte fue decisiva para las FAR. El 10 de octubre la Comisión Política del PGT nombra a *César Montes comandante* de las FAR, teniendo que salir de la montaña a la ciudad.

---

7    Según la CEH (1999:37) todos esos grupos «no eran otra cosa que los nombres coyunturales de [...] unidades militares clandestinas dedicadas a eliminar a los supuestos miembros, aliados o colaboradores de la subversión» (la cursiva es del original). En el cuadro 2 aparece una lista de los más importantes.

La guerrilla, principalmente las FAR, infligió algunos golpes contundentes al Ejército. También desencadenaron algunas acciones urbanas contra las fuerzas del Orden Público que les restaron simpatías entre la población civil, además de desgastarlos por no ser la ciudad el lugar donde tal tipo de lucha cuente con mayores ventajas (Maestre 1969:192).

La respuesta contrainsurgente fue no sólo asesinar a guerrilleros sino también a familiares de éstos ajenos totalmente al proceso revolucionario. Con esta medida lograban que los rebeldes fueran rechazados incluso por sus propias familias.

**Cuadro 2.** Listado de organizaciones paramilitares anticomunistas (1962-1981)

| Nº | Nombre y siglas | Año de Operación |
|---|---|---|
| 1 | Organización Nacional Anticomunista (ONA) | 1960 |
| 2 | Frente Secreto Anticomunista | 1962 |
| 3 | Acción para la Defensa de la Democracia (ADED) | 1963 |
| 4 | Juventud Nacionalista | 1964 |
| 5 | Resistencia Popular Secreta | 1964 |
| 6 | Mujeres Católicas (MC) | 1966-70 |
| 7 | Movimiento de Acción Nacionalista Organizado (MANO) | 1966-78 |
| 8 | Acción Patriótica de Recuperación Institucional (APRI) | 1967 |
| 9 | Agrupación Patriótica Anticomunista (APA) | 1967 |
| 10 | Frente Unido Nacional Anticomunista (FUNA) | 1967 |
| 11 | Frente de Resistencia nacional | 1967 |
| 12 | Movimiento por Memoria de Mario Méndez Montenegro | 1967 |
| 13 | Movimiento Anticomunista de Guatemala (MAG) | 1967 |
| 14 | Nueva Organización de Resistencia (NOR) | 1967 |
| 15 | Organización del Ejército Secreto | 1967 |
| 16 | Represión y Organización Anticomunista | 1967 |
| 17 | Rosa Púrpura | 1967 |
| 18 | Verdadera Organización Nacional Anticomunista (VONA) | 1967 |
| 19 | Consejo Anticomunista de Guatemala (CADEG) | 1967-68 |

| Nº | Nombre y siglas | Año de Operación |
|----|-----------------|------------------|
| 20 | Comité de Resistencia Anticomunista de Guatemala (CRAG) | 1967-68 |
| 21 | Nueva Organización Anticomunista (NOA) | 1967-68 |
| 22 | Organización de Asociaciones contra el Comunismo (ODELACEG) | 1967-68 |
| 23 | Agrupación de Hombres Anticomunistas de Guatemala (HACHA) | 1968 |
| 24 | Mujeres Anticomunistas de Guatemala | 1968 |
| 25 | Ojo por Ojo | 1970 |
| 26 | Organización (CERO) | 1970 |
| 27 | El Escuadrón de la Muerte | 1971-81 |
| 28 | El Buitre Justiciero | 1972-74 |
| 29 | Grupo Acción Liberadora Guatemalteco Anti Salvadoreño (GALGAS) | 1976-78 |
| 30 | Ejército Secreto Anticomunista | 1977-81 |
| 31 | Oficiales Jóvenes | 1978 |
| 32 | Unidad pro Libertad Nacional contra Agresión Comunista | 1978-80 |
| 33 | Comité de Padres de Familia Organizados | 1978-81 |
| 34 | Fuerzas de Acción Anticomunista (FADA) | 1979 |
| 35 | Juventud Organizada del Pueblo en Armas (JUPA) | 1980 |

Fuente: Elaboración propia con datos de CEH (1999)

Por entonces, se calcula que la guerrilla contaba con unos 300 combatientes. Sin embargo, la ira contrainsurgente provocó según *The Economist* 1.000 muertos en 1967; *Visión* sitúa las víctimas, entre septiembre de 1966 y julio de 1967, en el doble; la pro-castrista *Marcha* calcula 256 muertos para la primera mitad de 1967; el PGT para todo el año sitúa la cifra en 5.000; el Comité para la Defensa de los Derechos Humanos Guatemalteco establece 589 víctimas mortales.

# CAPÍTULO V

# DE LA GUERRA TOTAL A LA PAZ PARCIAL

La década de los setenta para Guatemala significó la sucesión de una serie de gobiernos militares que mediante elecciones presidenciales trataban de legitimar un sistema político basado en el militarismo y en la eliminación de toda clase de oposición política. El proceso fraudulento de elección consistía en que el ministro de Defensa del presidente anterior era el que triunfaba en las elecciones presidenciales. Esta farsa electoral y la corrupción creciente de los generales que cada vez les preocupaba más conseguir tierra para su uso privado fue degenerando el sistema de poder.

El Ejército prácticamente aniquiló a la guerrilla en 1968, pero ésta se supo recomponer a principios de los setenta con la aparición de nuevos grupos que incorporaban por primera vez a su lucha armada algunas de las demandas indígenas.

En 1982, los cuatro grupos guerrilleros más importantes del país crean la Unidad Revolucionaria Nacional Guatemalteca (URNG), compuesta en ese entonces, según el coronel Mérida (2000:51), por 8.100 combatientes del EGP, 380 de ORPA y 300 de FAR[8], lo que supuso un serio avance en la lucha revolucionaria pero que el Ejército la exageró para poder utilizar una mayor represión con menos coste político. Sin embargo, se llegó en 1982 a unas cotas de violaciones de derechos humanos tan altas que hicieron insostenible el régimen por las presiones internacionales, y mediante un golpe en 1983 se inicia el camino hacia la democracia sin que por ello la represión desapareciese ni mucho menos.

---

8 No hace mención a los pocos pero existentes combatientes del PGT.

# 1. Gobiernos militares y nuevas guerrillas

En las elecciones de 1970 se impuso la candidatura del general Carlos Arana Osorio, quien había tenido un papel destacado en la lucha contrainsurgente de la década anterior. Al asumir el poder lo hace bajo la consigna de que «los militares no queremos ser instrumento de la iniciativa privada, sino sus socios» (Arias 1985:71). El Ejército empieza a intervenir públicamente en el mundo de los negocios, el Banco del Ejército comienza sus operaciones y la corrupción se generaliza en la Administración repartiendo tierra a militares. Como vicepresidente se nombra a Eduardo Cacares Lenoff, antiguo defensor de los intereses de los terratenientes ante la reforma agraria de Arbenz.

Los Estados Unidos comienzan a entrenar a 32.000 policías guatemaltecos con cargo a la Agency of International Development (Perera 1993:42), dedicada teóricamente a la cooperación internacional al desarrollo y la ayuda humanitaria.

El Ejército anunció la derrota del movimiento subversivo y la ampliación de todas las instituciones militares. Apartir de ese momento obtuvo el control público y aumentó la confianza a los inversionistas extranjeros y nacionales. Se rompe el esquema tradicional de una clase propietaria de los medios de producción. Los oficiales de alto rango empezaron a defender sus propios intereses y pasaron de apoyar a los terratenientes a convertirse ellos mismos en latifundistas.

En 1971 se desató una ola de terror y durante un año se decretó el Estado de Sitio. Se suprimieron las garantías individuales y colectivas y las actividades políticas. La Universidad de San Carlos fue tomada por las fuerzas del Gobierno. Se prohibió la protesta, así como salir de las casas, mediante toque de queda. A las organizaciones de masas no les quedó más remedio que crecer en la clandestinidad. Durante esta segunda «campaña de pacificación», como le gustaba decir al Gobierno, fueron asesinados o desaparecidos 15.000 personas en los tres primeros años del gobierno de Arana (Perera 1993:42).

Las guerrillas asumen que deben implantarse en Occidente, en la zona más densamente poblada por indígenas; que los indígenas debían ser la fuerza estratégica de una guerra popular prolongada; y que debían ser incorporados a la guerra pero todavía no se sabía muy bien cómo.

Habría sido la falta de unanimidad en estos criterios, especialmente en este último punto, por lo que surgieron varios grupos guerrilleros a principios de los setenta, siendo los más importantes el Ejército Guerrillero de los Pobres (EGP) y la Organización del Pueblo en Armas (ORPA).

Manteniéndose el control político por parte de las Fuerzas Armadas, se retornó a la constitucionalidad y se convocaron elecciones para 1974. El general Ríos Montt, responsable indirecto de la matanza, en mayo de 1973, de Sansirisay (Jalapa) asombrosamente es presentado por la coalición más la izquierda (integrada por la Democracia Cristiana, el Frente Unido Revolucionario Democrático y el Partido Revolucionario Auténtico). Todo apunta a que fue el verdadero ganador pero se interrumpieron los recuentos electorales y un mes más tarde se dieron a conocer los resultados oficiales dando como ganador al candidato de la coalicón oficialista, el general Laugerud García. Este fraude supuso una gran pérdida de credibilidad para las instituciones democráticas, pero Ríos Montt no impugnó las elecciones y fue enviado a España como agregado militar. Su postura no beligerante decepcionó a los miembros de la Acción Católica, que en los sesenta se habían acercado a la DCG por coincidir en planteamientos reformistas, y se fueron radicalizando y buscando otras opciones de participación política cada vez más cercanas a las guerrillas.

Con la creación de la Academia Kaibil, en 1974, el Ejército comenzó a preparar un grupo de élite para la lucha contrainsurgente, una 'máquina de matar' como dicen en su himno. Pronto militares de otros países llegarían a hacer cursos a esta Academia por el gran prestigio alcanzado. La CEH (1999:26) también constató que «el entrenamiento de este cuerpo incluía contenidos degradantes [como] matar animales para posteriormente comérselos crudos y beber su sangre». Un sargento kaibil recién salido del Ejército manifestaba que «al entrar te pegan patadas en las espinillas sin que uno haya hecho nada malo. Son tres meses durísimos, pero luego te respetan. De mí ya nadie se va a reír porque saben que soy kaibil y paracaidista» (entrevista abierta a un ex kaibil q'eqchi', octubre de 2000).

Los escuadrones de la muerte continuaban sus campañas terroristas, y los asesinatos políticos por el Ejército Secreto Anticomunista se intensificaron. Amnistía Internacional al denunciar los secuestros de diciembre de 1976 fue acusada de comunista por el presidente de la República. En un informe de esta organización, de mayo de 1981, estimó que 20.000 personas habían desaparecido entre 1966 y 1976. La Iglesia Guatemalteca en el Exilio (1989:36-39), por su parte, reportaba que en El Quiché el Ejército realizó acciones represivas, asesinando a 68 líderes de cooperativas en Ixcán, 40 en Chajul, 28 en Cotzal y 32 en Nebaj entre febrero de 1976 y noviembre de 1977. En la ciudad los conflictos entre trabajadores y patrones cada vez se volvían más violentos.

Después de un encuentro del presidente Laugerud con los dirigentes sindicales, el vicepresidente Sandoval Alarcón —del ultraderechista MLN, partido heredero de Castillo Armas— anunció que Laugerud había caído en una trampa comunista y días después denunció como subversivo el programa tímidamente reformista del gobernante. Acusar al represor anticomunista Laugerud de comunista significa un delirio que deja como algo muy menor pensar que Kennedy fuera comunista. Ya con anterioridad, en junio de 1975, Sandoval había colocado a las fuerzas de su partido en estado de alerta alegando que el comunismo se había infiltrado en el Gobierno, bajo influencia peronista.

La realidad era bien distinta. La violencia crecía, lo que producía que las organizaciones sociales se radicalizaran, produciéndose una retroalimentación de la violencia, a mayor represión militar, aumento de la radicalización del movimiento social y para frenarla el Gobierno aplica mayor dureza, llevando a posturas más extremistas al movimiento social.

En una primera estrategia, el Ejército optó por reprimir selectivamente, afectando a los principales líderes. A esta violencia la llamamos selectiva por ir sólo contra líderes, pero cada vez se iba colocando la *etiqueta* de comunista a mayor número de líderes, por moderados que fueran. El asesinato del dirigente socialdemócrata Alberto Fuentes Mohr[9], el 22 de enero de 1979, fue el anuncio de más asesinatos de esta naturaleza. Al mismo tiempo, con estos hechos se cerraron los espacios de participación política que según el discurso gubernamental se estaban abriendo al invitar a la inscripción de partidos, especialmente a los socialdemócratas. En marzo, Manuel Colom Argueta, dirigente del recién inscrito Frente Unido de la Revolución (FUR), también fue asesinado. Entre 1978 y 1981, diecinueve líderes más del FUR, y otros quince del Partido Socialista Democrático (PSD) fueron aniquilados. La comunidad universitaria también experimentó los embates de una creciente violencia.

En las elecciones de 1978 se sigue el procedimiento habitual, es decir, dar la victoria mediante fraude al ministro de Defensa anterior, en este caso al general Romeo Lucas García. El nuevo gobierno lanza una represión contra todos los sectores progresistas: sindicalistas, sacerdotes, periodistas, políticos reformistas, estudiantes. El 30 de junio, a pocas horas de la toma de posesión de Lucas García, es asesinado el padre Hermógenes López, párroco de San José Pinula, considerado el inicio de la escalada de crímenes contra la Iglesia católica, especialmente contra los catequistas indígenas, lo que acabaría radicalizando al Comité e Unidad Campesina (CUC).

Amnistía Internacional emprendió una campaña internacional para terminar con la ola de crímenes políticos en Guatemala. El Congreso de la República y el Gobierno calificaron a esta prestigiosa organización de derechos humanos como «institución de la Corona británica, ya que busca indisponer a la opinión pública mundial para que Belice logre su independencia».

---

9    Este dirigente había sido secuestrado por las FAR, en 1970, siendo canciller, lo que evidencia su distancia de las organizaciones guerrilleras.

Una de las acciones represivas de mayor impacto nacional e internacional fue la masacre de la Embajada de España, ocurrida el 31 de enero de 1980, cuando debido a los numerosos hechos de violencia que sacudían al departamento de El Quiché —y que ya no discriminaba entre insurgentes armados, miembros del movimiento social y el resto de la población civil— varios dirigentes campesinos del CUC y universitarios tomaron la Embajada para denunciar nacional e internacionalmente la represión (caso ilustrativo 79, CEH 1999). Este hecho provocó la ruptura de las relaciones diplomáticas entre España y Guatemala hasta la llegada de un gobierno civil en 1986.

A pesar de la intimidación que provocaba la represión selectiva se siguió promoviendo la unidad y articulación del movimiento social e indígena en el país, así como se potenció la capacidad de movilización. Al mismo tiempo la insurgencia fue creando vínculos con el movimiento social convergiendo varios grupos cercanos al EGP pero también partidos moderados como el PSD y el FUR.

Mientras la oposición se articulaba, el Gobierno acentuaba su crisis al renunciar, en septiembre de 1981, el vicepresidente Villagrán Kramer (PR) por estar en desacuerdo con la ola de terror del Gobierno. A finales de ese año, la Administración Reagan comenzó a considerar por primera vez que el poderío de la guerrilla constituía una amenaza seria para el régimen guatemalteco y reanuda su ayuda militar que hipotéticamente había sido interrumpida en 1977 con la Administración Carter. El aislamiento internacional del régimen por su grave y sistemática violación de los derechos humanos, los primeros síntomas de una grave recesión económica, el descontento del resto de la clase dominante con la camarilla luquista por la corrupción administrativa generalizada y las enormes bajas que estaba teniendo el Ejército, hicieron pensar a muchos en un posible colapso del régimen (Fernández 1988:364).

A ese miedo se sumó el que el 7 de febrero de 1982 las cuatro principales organizaciones revolucionarias formaran la URNG, que además cada vez estrechaba más su relación con las organizaciones sociales. El Ejército conocía parte de la estrecha relación entre las organizaciones de masas y la guerrilla, pero además la magnificó para identificar al indígena con el comunismo y el demonio, cosificando al enemigo y de este modo aniquilarlo sin remordimiento y disminuyendo el coste social de una opinión pública en contra.

## 2. *Tierra arrasada*

El informe de REMHI (1998:52) cree probable que las primeras masacres selectivas (enero a marzo de 1981) en Chimaltenango y sur de El Quiché, dirigidas contra determinadas comunidades por su afinidad con la guerrilla, fueran dirigidas por las autoridades de las Zonas Militares correspondientes, a diferencia de las que se desarrollaron a partir de junio, planificadas y ejecutadas directamente por el Estado Mayor de la Defensa, dirigido por el general Benedicto Lucas García, hermano del presidente Romeo Lucas García (1978-82).

La represión del Ejército cambió radicalmente la correlación de fuerzas en el área rural mediante el desplazamiento forzoso, pero también debido a que existían núcleos de población favorables a ellos, que se habían mantenido agazapados mientras la guerrilla hegemonizó pero que, al contar con el apoyo oficial, se involucraron de manera especialmente beligerante en la represión. A ellos se agregaron quienes cambiaron rápidamente de bando, y aquellos otros que no tuvieron más remedio (CEH 1999:54).

El 7 de marzo de 1982 se celebraron nuevas elecciones. El candidato oficial, el ministro de Defensa general Aníbal Guevara, 'ganó' pero la poca transparencia del proceso electoral inclina a pensar a muchos que se produjo el fraude habitual. De hecho, muchos de los militares jóvenes ya no estaban dispuestos a recurrir al típico fraude del ministro de Defensa que triunfa en elecciones presidenciales con un proceso más que dudoso. El 23 de marzo el Ejército dio un golpe de Estado y se integró una Junta Militar compuesta por el general Ríos Montt, el general Horacio Maldonado y el coronel Francisco Luis Gordillo. El golpe es apoyado por diversos partidos de extrema derecha pero también por la Democracia Cristiana Guatemalteca, ya que Ríos Montt había sido su candidato en 1974.

La Junta Militar anunció que uno de los motivos del golpe era la reinstauración de un régimen democrático-representativo. Casaús y García (1994:36) contrastaron los datos de Amnistía Internacional, American Watch y la Comisión de Derechos Humanos de la ONU, y llegaron a la conclusión de que para el periodo de 1978 a 1981, el gobierno de Lucas García asesinó a más de 6.000 personas y el nuevo Gobierno anunció que se había formado un organismo para resolver denuncias sobre violaciones a los derechos humanos diciendo que los culpables serían castigados. Se arrestaron a una serie de funcionarios civiles por corrupción. Esta primera apariencia de restablecimiento de libertades vino fortalecida por los 14 puntos fundamentales del concepto estratégico del Plan Nacional de Desarrollo, que de forma resumida se puede decir que el nuevo gobierno se trazaba como metas lograr la reconciliación y la paz, cumplir con un absoluto respeto a los derechos humanos, conseguir el establecimiento de un espíritu nacionalista y desarrollista a la vez que se fomentara la participación e integración de los diferentes grupos étnicos que conforman «nuestra nacionalidad» —visión totalmente asimilacionista—, lograr la recuperación económica y el mejoramiento del nivel de vida de la población, erradicar la corrupción, reestructurar el sistema electoral para evitar las frustraciones populares y restablecer la constitucionalidad del país.

El 31 de mayo fue derogada la Constitución y se produjo una amnistía para delitos políticos y comunes conexos.

Pero poco dura la alegría en la casa del pobre. Pasados los primeros días de incertidumbre en los que el ejército de Ríos Montt no continuaba las masacres en las aldes, se inicia la campaña 'Victoria 82', con la ayuda de expertos israelíes y argentinos, mediante la cual el Ejército se dispuso a controlar a los supervivientes de la política de *tierra arrasada* con un proyecto de ingeniería social y reestructuración de la economía rural concentrando a la población en 'aldeas modelo'. Para Ríos Montt era una buena política para el desarrollo rural:

«[...] Impulsamos el programa de alimentos por trabajos, mejoramos el salario mínimo y la mentalidad de la gente cambió. Fue una real victoria, un reencuentro con la población. No teníamos el concepto de matones» (*Prensa Libre*, Guatemala, 28/02/99, p. 5).

Según testimonios de REMHI (2000:29), en las comunidades de ex guerrilleros que se acogieron a esta amnistía se les decía:

«La ley sólo una vez perdona, la segunda ya no, si se les encuentra otra vez [con la guerrilla], serán matados, porque así es la ley».

Así la población que se acogió a la 'amnistía' fue realojada en las mencionadas 'aldeas modelo', mediante las cuales el Ejército controlaba a la población. Lo primero que hacía en ellas era organizar a la población en patrullas de autodefensa civil (PAC)[10]. Muchas de estas aldeas eran antiguas aldeas de los campesinos, que fueron arrasadas por el Ejército y a partir de 1982 las repobló con gente de otros lugares o antiguos pobladores. Muchos de estos PAC habían sido previamente perseguidos por el Ejército e incluso algunos habían pertenecido a la guerrilla. En las nuevas aldeas no se reconstruían las casas donde estaban antes sino más juntas y en el centro de la aldea para permitir a los soldados controlar quién entraba y quién salía. La población no podía cultivar los lotes apartados, para evitar que volvieran a contactar a la guerrilla. Su alimento provenía de las campañas 'Fusiles y Frijoles' y 'Techo, Tortillas y Trabajo'. Hasta finales de 1985 los reasentados en 'aldeas modelo' tenían estrictas limitaciones de movimiento, aunque a finales de ese periodo se les permitió trabajar por cortas temporadas en las fincas locales. Esto proporcionó a los finqueros mano de obra barata para reconstruir el sector de exportación de la economía distorsionada por la guerra (Wilson 1999:172). Una vez más, se muestran los nexos estrechos entre Ejército y terratenientes.

---

10    Las PAC estaban formadas por campesinos armados por el Ejército, desde inicios de 1980, para combatir la subversión. Las creó el general Benedicto Lucas García siguiendo el modelo aplicado en Vietnam, y fueron formalizadas por la Junta Militar encabezada por el general Ríos Montt. Tras el retorno de la democracia formal pasan a llamarse Comités Voluntarios de Defensa Civil. Junto a ellas actuaban los comisionados militares, auxiliares locales del Ejército establecidos en las áreas rurales y que fueron creados en 1938.

Otro elemento de control eran las coordinadoras interinstitucionales que constituían un gobierno paralelo descentralizado en las zonas rurales gracias al cual el Ejército podía integrar las funciones de diferentes agencias estatales y asegurar que todos los proyectos de desarrollo y asignación de recursos quedaban sujetos a su autoridad final. El objetivo subyacente de las PAC, las 'aldeas modelo' y las coordinadoras interinstitucionales era el de controlar los movimientos y la economía rural, además de desgajarla de las organizaciones guerrilleras.

La Iglesia católica señaló al respecto, en febrero de 1989, en su difundida carta pastoral *El clamor por la tierra*, que «como consecuencia de esta terrible represión sufrida por los guatemaltecos, las organizaciones campesinas de cualquier tipo se ven con suspicacia y no faltan medidas coercitivas para suprimirlas. A este nivel se debe inscribir el funcionamiento de las PAC que limitan enormemente el derecho de asociación de los campesinos».

Sobre las PAC, el informe de la CEH (1999) señalaba que éstas correspondían a la organización de la población masculina en una estructura de defensa de territorio local en apoyo a las acciones militares. Cumplían funciones de vigilancia interna y externa de las poblaciones con capacidad punitiva, de apoyo al patrullaje militar, de involucramiento en las acciones militares o hasta represivas. A su vez, sus tareas abarcaban la realización de trabajos infraestructurales y productivos. Así se constituyeron en una nueva estructura de poder local militarizada que destruyó el tejido y las relaciones sociales tradicionales al interior de las comunidades.

A nivel nacional, la transitoriedad del nuevo gobierno y su misión de reorientar la política guatermalteca por la senda democrática es puesta en duda cuando el 9 de junio se disolvió la Junta Militar, el Ejército nombró presidente al general Efraín Ríos Montt y los partidos políticos fueron declarados fuera de la ley. Además el 1 de julio fue decretado el Estado de Sitio por treinta días y en agosto, septiembre y octubre se prorrogó.

La reestructuración del aparato de Estado siguió las líneas del Plan Nacional de Seguridad y Desarrollo y giraba principalmente alrededor de la erradicación definitiva de la acción subversiva y para ello insistía en que esa tarea no era exclusiva del brazo armado, porque había que atacar «las contradicciones existentes, producto de procesos históricos, que el comunismo explota en su provecho». Por eso, las políticas de seguridad y las de desarrollo se influían mutuamente. De acuerdo a lo cual, había que considerar cuatro áreas problemáticas principales: la política, la económica, la psico-social y la militar. En la práctica afectó especialmente a ésta última —y, siendo más preciso, a la psicosocial que se hizo subordinada a la militar—, renovando las operaciones militares para la «erradicación a corto plazo» de los focos guerrilleros, ya que se temía que el conflicto armado pudiera durar años y se preveía una caída de El Salvador en «manos del comunismo internacional» de las guerrillas aglutinadas en el FMLN.

Si se analiza simultáneamente el discuro de Ríos Montt con las acciones de su gobierno nos encontramos con lo que O'Donell y Schmitter (1988:31) llaman «regímenes que practican la dictadura y la represión en el presente a la par que prometen la democracia y la libertad para el futuro».

Nunca se había desarrollado una campaña de exterminio tan masiva como la que se llevó a cabo durante el periodo del gobierno de Ríos Montt. Ya en noviembre de 1982, la Conferencia Episcopal afirmaba que después de la llegada de Ríos Montt 8.000 personas habían sido asesinadas o raptadas, a una media de 1.000 muertos por mes, mientras que con Lucas García la media oscilaba entre 200 y 300. Después de que la CEH realizara un examen de cuatro regiones geográficas seleccionadas (maya-q'anjob'al y maya-chuj, en Barillas, Nentón y San Mateo Ixtatán, del Norte de Huehuetenango; maya-ixil, en Nebaj, Cotzal y Chajul, El Quiché; maya-k'iche' en Joyabaj, Zacualpa y Chiché, El Quiché; y maya-achi' en Rabinal, Baja Verapaz) confirmó que entre los años 1981 y 1983 el Ejército identificó a grupos del pueblo maya como el enemigo interno, porque consideraba que constituían o podían constituir la base de apoyo de la guerrilla, en cuanto sustento material, cantera de reclutamiento y lugar para esconder sus filas. De este modo, el

Ejército, inspirado en la Doctrina de Seguridad Nacional, definió un concepto de enemigo interno que fue más allá de los combatientes, militantes o simpatizantes de la guerrilla, incluyendo en dicho concepto a los civiles de determinados grupos étnicos.

Comenzó así una campaña de aniquilación de los pobladores de las comunidades campesinas mayas sin importar, edad, sexo, religión ni afiliación política. El Ejército asesinó a niños, ancianos, mujeres y hombres. La represión gubernamental fue tan indiscriminada que se dieron casos de campesinos militantes del MLN que se confiaron, no huyeron y fueron asesinados. Lo mismo ocurrió con algunos fieles evangélicos, que creían que sólo masacrarían a los católicos por identificarles con la guerrilla debido a la cercanía ideológica de la teología de la liberación.

La forma más práctica para poder llevar a cabo esta encarnizada lucha contra el pueblo, asesinando a tanta gente inocente, era cosificar al enemigo. Exactamente igual como los nazis llevaron a cabo con los guardianes de los campos de exterminio. Francisco Bianchi, secretario privado de la Presidencia durante el gobierno de Ríos Montt, dijo:

«La guerrilla ganó a muchos colaboradores entre los indios. Por tanto, los indios son subversivos, ¿Sí? ¿Y cómo se lucha contra la subversión? Claramente hay que matar a los indios, porque están colaborando con la subversión. Y luego dirán 'están masacrando al pueblo inocente'. Pero no eran inocentes: se habían vendido a la subversión» (REMHI 1998:II, 5).

El mismo Ríos Montt expresó, durante 1982, en varias declaraciones similares pensamientos. El Gobierno de EEUU recogió el 2 de junio:

«Naturalmente, si una operación subversiva existe donde los indígenas están involucrados con la guerrilla, los indígenas morirán. Sin embargo no es la filosofía del Ejército matar indígenas, sino reconquistarlos y ayudarlos» (*Foreign Broadcast Information Service, Central America*).

Al *New York Times*, el 20 de julio, declaraba:

«Mire, el problema de la guerra no es sólo cuestión de quién está disparando. Por cada uno que dispara, hay 10 trabajando por detrás».

Y ante la revista londinense *Latin America Weekly*, el 5 de noviembre, justificaba la política de *tierra arrasada*:

«[Porque] nosotros estamos matando gente, descuartizando mujeres y niños. El problema es que allí cada uno es guerrillero. Ellos usan el sistema vietnamita. Si la situación se prolonga, tendremos que lanzar napalm sobre esas aldeas».

A la despiadada estrategia del Ejército hay que añadirle el repliegue guerrillero, especialmente el del Ejército Guerrillero de los Pobres, pues fue en las zonas de su influencia donde se produjeron la mayor parte de las masacres. Durante siete años estuvo el EGP asesorando a la población con muy pocos medios militares y organizándola en las Fuerzas Irregulares Locales (FIL).

Los esfuerzos de las organizaciones por mantener en activo el movimiento social fueron sistemáticamente reprimidos durante todo 1981. Pero el régimen corrupto y colapsado de Lucas García no estaba conduciendo hacia la victoria. Fue con Ríos Montt cuando se produce una práctica aniquilación del movimiento social que se prolongaría hasta 1984, durante el gobierno del general Humberto Mejía Víctores cuando la represión, aunque persistió, descendió tras las altas cotas alcanzadas durante los dos gobiernos anteriores. Ríos Montt decía que «cuando llegué al poder, Guatemala estaba de rodillas ante la guerrilla comunista. Había que saludar a la bandera nacional con la hoz y el martillo. Yo me empeñé en restaurar el estado de Derecho y la paz» (*El Mundo*. Madrid, 07/01/96, p. 26). Desde luego, esta declaración exageraba la realidad, en el final de Lucas García la guerrilla no estaba tan cerca del poder como decían los subversivos —para dar esperanzas a los campesinos y animarlos a la revolución— ni como decía Ríos Montt para justificar la intensificación de la política *tierra arrasada*.

Los cuadros siguientes muestran la magnitud de la violencia política a través de las masacres perpetradas.

**Cuadro 3.** Número de Masacres por departamentos

| Departamento | REMHI | CEH | Sichar |
|---|---|---|---|
| Alta Verapaz | 63 | 61 | 133 |
| Baja Verapaz | 16 | 28 | 53 |
| Chimaltenango | 9 | 70 | 86 |
| Chiquimula | 1 | 6 | 8 |
| El Petén | 10 | 13 | 23 |
| El Progreso | | | |
| El Quiché | 263 | 344 | 641 |
| Escuintla | | 2 | 3 |
| Guatemala | 1 | 3 | 4 |
| Huehuetenango | 42 | 88 | 132 |
| Izabal | 1 | 3 | 4 |
| Jalapa | | | 1 |
| Jutiapa | | | |
| Quetzaltenango | 2 | 5 | 5 |
| Retalhuleu | | 1 | 1 |
| Sacatepéquez | | | |
| San Marcos | 12 | 15 | 26 |
| Santa Rosa | | | |
| Sololá | | 16 | 18 |
| Suchitepéquez | | 2 | 2 |
| Totonicapán | | 1 | 1 |
| Zacapa | | 1 | 1 |
| MÉXICO | 2 | 5 | 9 |
| Total | 422 | 664 | 1.151 |

Fuente: Elaboración propia en base a REMHI, CEH, trabajo de campo y otras fuentes no gubernamentales

**Cuadro 4.** Número de masacres por periodos presidenciales

| Presidente | Periodo | Fuerzas a favor del gobierno | Fuerzas Insurgentes | ¿? | TOTAL |
|---|---|---|---|---|---|
| Peralta Azurdia | 01-03-1963 30-06-1966 | 3 | 0 | 0 | 3 |
| Méndez Montenagro | 01-07-1966 01-07-1970 | 4 | 0 | 0 | 4 |
| Arana Osorio | 02-07-1970 01-07-1974 | 2 | 1 | 0 | 3 |
| Laugerud García | 02-07-1974 01-07-1978 | 5 | 1 | 0 | 6 |
| Lucas García | 02-07-1978 23-03-1982 | 520 | 25 | 12 | 557 |
| Ríos Montt | 23-031982 08-08-1983 | 422 | 21 | 8 | 451 |
| Mejía Víctores | 08-08-1983 15-01-1986 | 71 | 0 | 0 | 71 |
| Cerezo Arévalo | 16-01-1986 14-01-1991 | 14 | 1 | 0 | 15 |
| Serrano Elías | 15-01-1991 25-05-1993 | 4 | 0 | 0 | 4 |
| Ramiro de León | 29-05-1993 14-01-1996 | 1 | 0 | 0 | 1 |
| Arzú Irigoyen | 15-01-1996 13-01-2000 | 1 | 0 | 0 | 1 |
| No se sabe | Fecha no detallada | 31 | 2 | 1 | 34 |
| **TOTAL** | | **1.079** | **51** | **21** | **1.151** |

Fuente: Elaboración propia en base a REMHI, CEH, trabajo de campo y otras fuentes no gubernamentales

**Cuadro 5.** Participación en masacres de los distintos grupos armados

| Ejecutor | Masacres | % |
|---|---|---|
| Ejército | 1.015 | 88,18% |
| Comisionados militares | 120 | 10,43% |
| PAC | 261 | 22,76% |
| Escuadrones de la muerte | 8 | 0,70% |
| Policía | 25 | 2,17% |
| Fuerzas Gubernamentales | 1.079 | 93,74% |
| | | |
| EGP | 46 | 4,00% |
| FAR | 3 | 0,26% |
| ORPA | 2 | 0,17% |
| Fuerzas Insurgentes | 51 | 4,43% |
| | | |
| No se sabe | 21 | 1,82% |
| | | |
| **TOTAL** | **1.151** | **100%** |

Fuente: Elaboración propia en base a REMHI, CEH, trabajo de campo y otras fuentes no gubernamentales

En muchas masacres colaboraron varias fuerzas gubernamentales. Aquí están contabilizadas todas aquellas que participaron, por ello la suma de las masacres cometidas por cada grupo gubernamental es mayor a las 1.079 totales.

Como se aprecia, de las 1.151 masacres documentadas, más del 90% fueron cometidas por el bando gubernamental. Incluso si tomamos la base de datos con la que el coronel Mérida (2000:65) quiere desprestigiar a la guerrilla, por violadora de derechos humanos, no es capaz de señalar ni siquiera una masacre. Señala encuentros armados, emboscadas, ataques, hostigamientos, propaganda armada, puestos de asalto, propaganda ideológica, explosión de minas, sabotaje y/o terrorismo, asalto y robo, asesinatos y secuestros. En los asesinatos no especifica si se realizaron en masa, pero las cifras que da son 132 de las FAR, 1.722 de EGP, 299 de ORPA y 6 de PGT. Cifras muy lejanas a las altas cotas que se registran en las masacres gubernamentales.

Aun con todo, y pese a haberse recalcado el carácter genocida del Ejército guatemalteco —reconocido tanto por la Comisión de la Verdad de la Iglesia católica (REMHI) como por la de la ONU (CEH)—, sería incorrecto sostener que la violencia sobre los campesinos provenía sólo de un bando. El antropólogo Carmack (1991:105) tiene evidencias de que las guerrillas que operaban en las zonas rurales efectivamente cometieron actos de terror y mataron personas, pero fueron en ello muy selectivas. La mayoría de sus víctimas fueron soldados en combate o personas bajo sospecha de ser espías. El Ejército, por el contrario, mató y mutiló a multitudes de indígenas. Sus evidencias le hacen pensar también que el Ejército mató por lo menos cien veces más personas que las guerrillas y que convirtió en refugiados a miles de personas más. Para el REMHI (1998:55) tal vez uno de los aspectos más siniestros de esta ofensiva guerrillera fue la campaña de destrucción del poder local, que significó el asesinato de muchos miembros en las comunidades rurales. Parte de ellos efectivamente colaboraban con el Ejército o con las bandas paramilitares, ya que en las elecciones de 1978 el MLN ganó en muchos de los municipios. En varios frentes del EGP se promovió ajusticiar a los comisionados militares; estos comisionados por aquella época no tenían una tradición represiva, eran campesinos como los demás y por supuesto con amplios vínculos familiares. Además el EGP forzó a la población para que incendiaran los edificios municipales, lo cual impactó negativamente en importantes grupos de población. En menor medida ocurrió también que la población armada o determinados jefes militares insurgentes aprovecharon la situación para saldar cuentas personales. En algunos casos no fue meramente personal sino represalias frente a otras aldeas, lo cual condujo a matanzas y a reclutamiento forzoso.

Pero el mayor motivo para que se produjera un éxodo de tan grandes proporciones fue la represión del Ejército contra las comunidades campesinas, especialmente indígenas. Esta huida de sus comunidades se realizó en tres formas: buscando el refugio en tierras extranjeras, principalmente en México; resistiendo en la montaña sin abandonar Guatemala; y huyendo hacia las grandes ciudades o a zonas menos castigadas por la represión.

La negativa de alguna gente a dejar sus lugares de origen, a pesar de exponerse a mayor peligro, se explica hasta cierto punto por su deseo de mantener sus actividades de sobrevivencia tradicionales, estrechamente vinculadas a la tierra, sobre todo entre comunidades mayas. En concreto, la importancia de proteger la herencia ancestral de la tierra y de permanecer cerca de sus familiares enterrados refleja elementos de la cosmovisión maya subyacentes en la decisión de permanecer en las comunidades o de resistirse a distanciarse de la franja fronteriza, como en el caso de los refugiados en México.

Se estima: un millón de desplazados internos; 400.000 exiliados en México, Belice, Honduras, Costa Rica y EEUU; 45.000 refugiados legales en México, la mayor parte en nuevas comunidades en campamentos; 150.000 no reconocidos en México y unos 200.000 en EEUU; 20.000 personas se organizaron en las comunidades de población en resistencia (CPR), otras 20.000 pudieron vivir desplazadas en la montaña durante varios años (sin la organización de las CPR); en ciertas zonas del Altiplano más golpeadas por la política de *tierra arrasada*, en algunos momentos se produjo un desplazamiento de hasta el 80% de la población[11]. El régimen militar decretó el 'abandono voluntario' de las tierras y ubicó a población adoctrinada.

El bando gubernamental además de haber coemtido muchísimas más masacres, el número de asesinatos en cada una de ellas sólía ser mayor. Al menos en 25 masacres se produjeron más de 100 homicidios. Todas cometidas por el Ejército (Sichar 2007: 206-208).

Sólo una masacre de la guerrilla quizá superase la centena de muertos. La cometió el EGP el 15 de junio de 1982 en Txacal Tze (Chajul, El Quiché). REMHI estima entre 75 y 100 ejecutados (se encontraron al menos 75 osamentas). La CEH (1999: VII, 209) tiene datos de 55 ejecutados en esta masacre. Según la prensa, hubo

---

11 La CEH (1999:41) estima que en la región ixil, al sur de Ixcán, entre el 70% y 90% de las aldeas fucron arrasadas.

una masacre en esa comunidad donde se reportaron 112 asesinados. En su momento hubo quien, con dudas, se la achacó al Ejército. Pero en la actualidad no hay duda de que la cometió el EGP, como incluso reconoció su Dirección Nacional.

En este caso, las estadísticas hablan por sí solas: el complejo gubernamental Ejército-Policía-PAC-comisionados-escuadrones de la muerte reportan más del 90% de las masacres y en 25 de ellas asesinaron a más de 100 personas. La guerrilla, una sola masacre con alrededor de 100 muertes y menos del 5% de las masacres. Ante desporporción tan grande, lo cuantitativo requiere necesariamente de una explicación cualitativ, como me decía el intelectual comunista Edelberto Torres-Rivas (14 de mayo de 1999). Además hay detalles estrictamente cualitativos que diferencian a ambos contendientes. Analicemos la masacre más atroz de la guerrilla, la cometida en Txacal Tze, y comparémosla con la actuación habitual del Ejército.

Primero, el EGP no escogió una aldea al azar sino que sabían que ahí había armas y que la mayoría de la población estaba con las PAC. Sin embargo, el Ejército en muchas ocasiones masacró comunidades enteras sin ninguna certeza de presencia guerrillera:

> «Múltiples experiencias mostraron que el Ejército no se interesaba en perseguir o destruir la escasa fuerza militar existente la cual, por otra parte, casi no lo enfrentó. En cambio, arrasaba con viviendas y cultivos y expulsaba a decenas de miles de campesinos condenados a errar por la montaña buscando la sobrevivencia» (REMHI 1998: 54).

> «La agresión masiva e indiscriminada a las comunidades [fue] con independencia de su real involucramiento en la guerrilla, así como con indiferencia a su condición de población civil. [...] No sólo buscaba quebrar las bases sociales de la guerrilla, sino desestructurar ante todo los valores culturales que aseguraban la cohesión y la acción colectiva de las comunidades» (CEH 1999: 24).

Segundo, aunque la orden de este grupo guerrillero al llegar a Txacal Tze era «todos los mayores de diez años deben morir»; también se dijo «si nos decís dónde está el armamento te respetamos la vida», con lo que cabe la duda de qué hubieran hecho si la gente les hubiese respondido. El Ejército a veces llegaba a las aldeas con listas, pero en la mayoría no hacía distinciones.

Tercero, pese a que la Dirección Nacional no castigó a nadie, censuró el hecho y propuso no darle publicidad. El Ejército llevaba a cabo una política sistemática de masacres y les daba la mayor publicidad posible dentro del área rural para que a la gente le invadiera el pánico y «no se metiera en problemas».

Es necesario señalar que en este balance de ambos bandos hemos establecido una comparación entre la peor masacre de la guerrilla con las habituales del Ejército.

Además la mayoría de las masacres la guerrilla las cometió en los periodos de Lucas García y Ríos Montt (41 de 46), cuando el área de actuación de la guerrilla estaba totalmente militarizada y actuaban bajo la presión de tener a un Ejército despiadado pisándoles los talones. Esta presión les lanzó a la desesperada y, como suele ocurrir, la guerrilla no aprendió de los errores del enemigo, y los abusos que cometió, especialmente el EGP, produjo un aumento de la colaboración de la población con el Ejército y el refuerzo de las PAC. Aunque la mayoría de los patrulleros iban forzados, algunos sí se enrolaron como un medio efectivo para defenderse de la guerrilla o para vengar la muerte de algún familiar o amigo.

Pero el mayor error de la guerrilla no fue tanto en su actuar contra el enemigo sino en la desprotección a la que sometió a sus simpatizantes y gente del pueblo, por los que se suponía que luchaba. No creo que el error mayor de la guerrilla fuera el no proteger a la población de las envestidas del Ejército, para una guerrilla tan poco numerosa eso era totalmente imposible, sino el destapar tan pronto por la euforia del triunfo sandinista que la población civil estaba con ella en un alto porcentaje.

Otra gran diferencia que he podido apreciar en el trabajo de campo es el grado de arrepentimiento de los agresores. En una ocasión conocí a un camarero que trabajaba en el hotel de un coronel, conocido por su involucración en violaciones de derechos humanos. Hablando con él resultó haber sido kaibil y en la actualidad militaba en el FRG de Ríos Montt (nos enseñó su carnet). Su estado de embriaguez le impedía disimular su jactancia ante unas turistas españolas de haber sido una máquina de matar, aunque después matizaba. Nos mostró el libro *Masacres de la selva*, de Ricardo Falla, «lo tengo porque es el libro más mentiroso de todos. Yo estuve en esas masacres y no ocurrieron así. No había niños porque [los guerrilleros] ya se los habían llevado a México» (notas de campo, octubre de 1999). Otro ex kaibil simpatizante del FRG, reconocía que le comieron el coco en el Ejército pero seguía manteniendo que todos los retornados eran guerrilleros.

La mayor aberración que pude oír fue al general Héctor Gramajo. Ante la pregunta de un alumno q'eqchi' de la Maestría en Gerencia para el Desarrollo Sostenible, que la Universidad Autónoma de Madrid impartía en Alta Verapaz, de si hubo o no genocidio en Guatemala, contestó:

> «Imaginaros un montón de campesinos malolientes venidos de trabajar en el campo, sudorosos, en un salón comunal sin ventilación. ¿Creéis que puede producirse una erección en un soldado y que pueda violar a una mujer? Eso no ocurrió» (notas de campo, octubre de 2000).

Para no crear mucho más revuelo entre los alumnos, le esperé a la salida, y, le dije —queriéndole hacer creer que yo no sabía nada de Guatemala porque todavía no me había percatado de que probablemente sí conocía mis escritos— «no sé cómo habrá sido en Guatemala, pero en la guerra de los Balcanes, las violaciones no se cometían para satisfacción sexual del soldado sino para degradación de la víctima». Cuál fue mi sorpresa que me respondió: «Con que se haga bailar desnuda a una mujer delante de los soldados y contra su propia voluntad, eso ya es una violación». No acabé de entender su respuesta, pero quizá se refería a que eso fue lo máximo que ocurrió en esas muchas violaciones que reflejan distintos informes de derechos humanos. Otro alumno, le preguntó que si era cierto que durante el periodo en el que él era ministro de la Defensa se habían producido 14 masacres del Ejército. «¿Ah sí? Es la primera noticia que tengo». El alumno insistió y leyendo mi libro *Masacres en Guatemala. Los gritos de un pueblo entero*, le fue enuncinado masacre por masacre. El ex ministro contestó que como mucho tenía responsabilidad de comando, pero le restó toda importancia.

Frente a esta actitud cínica ante lo evidente, he encontrado a varios ex guerrilleros que con pena reconocían que habían matado «pero porque no quedaba más remedio». Un ex guerrillero mam incluso me dijo que «yo rezaba antes de ir al combate, para pedir perdón a Dios, porque matar es malo, pero era nuestra única solución. Gracias a esa lucha ahora tenemos tierra y mis hijitos no serán mozos colonos como lo fue mi papá» (notas de campo, marzo de 2000).

La información aportada por miembros de la guerrilla contra su propio grupo parecía ser una cura contra sus errores. Este tipo de información siempre me la aportaron ex guerrilleros que seguían teniendo más simpatías por la URNG que a otros partidos políticos. Incluso a veces fue aportada por personas situadas actualmente en escalas muy elevadas del partido.

Por el contrario, nunca un oficial o soldado me ha facilitado información de sus errores y a menudo incluso negaban que se hubiesen producido. Uno de los casos más evidentes fue cuando hablé en Amsterdam con un teniente coronel de Aviación que iba a recibir un curso de un año en el Cuartel General del Ejército del Aire español. Él decía: «los militares éramos los que más queríamos la paz, porque, ¿quiénes poníamos los muertos encima de la mesa?, los militares y los guerrilleros, no los políticos». Yo le dije que «¿no es la población civil?». «Ah no, nosotros sólo matábamos guerrilleros, lo que ocurre es que cuando llegábamos escondían las armas y se vestían de civil, pero eran guerrilleros» (notas de campo, septiembre de 1998). «¿También eran guerrilleros los bebés a los que les cogían de los pies y les estrallaban las cabezas contra horcones?», le pregunté. Aquí ya se calló. Ni siquera reconoció algún exceso aislado de soldados enloquecidos por la guerra y que luchaban al margen de las órdenes de sus superiorres.

Un ejemplo más. El general Julio Balconi adquirió fama de militar tolerante al confraternizar con el *comandante* jefe de ORPA Rodrigo Asturias, siendo el primero ministro de Defensa en la recta final de los diálogos de paz. Sin embargo, para él «la llegada del general Ríos Montt al poder marca realmente un cambio en el destino de Guatemala. Porque allí es donde principia realmente el proceso de verdadera democratización del país». Con esa benévola visión de Ríos Montt no es de extrañar que negase las masacres sistemáticas del Ejército:

«Pudo haber existido, en un solo caso de alguno, que haya [habido algún militar] que haya tomado una decisión incorrecta» (Kruijt y Van Meurs 2000:152-153).

## 3. ¿Hacia una paz firme y duradera?

Por diversas razones, el gobierno de Ríos Montt disgustaba cada vez más a un amplio sector del Ejército y de la clase política tradicional: entre estos motivos estaba la excesiva presencia neopentecostal en los aparatos de gobierno. Además, el mesianismo, autoritarismo y personalismo del presidente *de facto* lo asemejaban más a un dictador fascistoide con intenciones de perpetuarse en el poder y de no volver al *reencuentro democrático*, que era su cometido. El 8 de agosto de 1983 por decisión del Alto Mando del Ejército es depuesto el general Efraín Ríos Montt y nombrado jefe de Estado al general Mejía Víctores, conforme a una decisión interna para introducir un relevo en la cúpula del mando, a fin de restaurar la jerarquía, subordinación y disciplina y restablecer la separación entre Iglesia y Estado. El levantamiento apenas encontró oposición. El nuevo régimen militar se apresuró a formar un gobierno predominantemente civil para borrar la imagen del anterior y sacudirse las numerosas condenas internacionales contra el gobierno guatemalteco. Sin embargo Mejía había sido el ministro de Defensa de Ríos Montt y por tanto copartícipe de su política represiva.

El general Gramajo —que sería ministro de Defensa durante el gobierno del democristiano Vinicio Cerezo (1986-91)— señalaba como motivos del golpe que «Ríos Montt no continuó con lo programado por los militares moderados que le llevaron al poder y en lugar de continuar con la apertura política quiso priorizar la economía lo que le conllevaba quedarse en el poder más tiempo [...]. En 1983, por primera vez los militares no quisimos ser el trapo suco —sucio— de las élites económicas y por primera vez no apoyaron a ninguna opción política»[12]. Plantear que fueron militares moderados los que propiciaron el golpe de 1982, como sostiene Gramajo, está lejos de la realidad histórica, cuando habían contado con el apoyo del MLN, el partido más extremista de derechas en esos años.

Mejía Vítores (1983-86) implantó un estatuto Fundamental de gobierno que sustituyó a la Constitución de 1966. Las primeras medidas del nuevo gobierno se basaron en continuar con la lucha contrainsurgente, fortalecimiento de las PAC, supresión de los Tribunales de Fuero Especial, calendarización del proceso electoral, democratización e implementación de fórmulas de entendimiento que evitaran el agravamiento de la crisis o un eventual enfrentamiento militar en el área centroamericana.

En julio de 1984 fueron convocadas elecciones a la Asamblea Constituyente para redactar una nueva Constitución. A finales de 1985 las Elecciones Presidenciales dieron la victoria al democristiano Vinicio Cerezo volviendo por primera vez un civil a ocupar la Presidencia desde 1970. Su mensaje aperturista estuvo limitado en la práctica por el margen de maniobra que le dejaba el Ejército. Previamente los militares emitieron el Decreto Ley 8-86 por el que concedió «una amnistía general a toda persona responsable o sindicada de haber cometido delitos políticos o comunes conexos durante el periodo comprendido entre el 23 de marzo de 1982 y el 13 de enero de 1986».

---

12     Comunicación en la Maestría en Gerencia para el Desarrollo Sostenible de la UAM en Cobán, octubre de 2000.

En la arena internacional se cosecharon triunfos iniciales, gracias a la política de 'neutralidad activa' (establecida por Ríos Montt), y a la convocatoria de la reunión de Esquipulas y Esquipulas II, para la pacificación de Centroamérica.

Pero en el interior del país, la alianza con la iniciativa privada se rompió cuando el Gobierno intentó sacar adelante una reforma tributaria como medio de obtener fondos para pagar la deuda social. El simple hecho de pretender acabar con la evasión de impuestos, provocó que el poderoso Comité Coordinador de Actividades Agrícolas, Comerciales, Industriales y Financieras (CACIF) paralizase el país. El Gobierno quedó aislado, sin el apoyo de la patronal y sin lograr tampoco vínculos con el movimiento popular. Le quedaba sólo el apoyo de las Fuerzas Armadas, pero también empezaron a ocasionarles problemas por los diálogos de paz con la URNG en Madrid, en octubre de 1987 (Bastos y Camus 1996:44).

En noviembre de 1987 se produjo una asonada golpista que fue sofocada principalmente por la lealtad de su ministro de Defensa, general Gramajo. En los meses de mayo de 1988 y 1989 hubo intentos de golpe de Estado, reconocidos públicamente por Gramajo[13].

Lo más significativo de este periodo presidencial fue el inicio de conversaciones con la guerrilla en octubre de 1987 en la capital española. Pero tras su suspensión se desplegó la 'Ofensiva de Fin de Año' que duraría hasta marzo de 1988 y que se centraría especialmente contra las comunidades de población en resistencia (CPR), campesinos que huían del Ejército pero sin abandonar su tierra guatemalteca, ocultos en la montaña y la selva.

Mientras, con la asesoría de la URNG, en los campamentos de los Estados mexicanos de Campeche, Quintana Roo y Chiapas, tras un proceso de asambleas y votaciones, el 27 de diciembre de 1987 fueron elegidas democráticamente las Comisiones Permanentes de Representantes de los Refugiados guatemaltecos en México (CCPP), quienes asumieron la dirección de todo el proceso de retorno voluntario, colectivo, masivo y organizado a Guatemala,

---

13      Comunicación en la Maestría en Gerencia para el Desarrollo Sostenible de la UAM en Cobán, octubre de 2000.

asumiendo la representación ante las organizaciones guatemaltecas, instancias de gobierno y organismos internacionales. A las votaciones se invitó al ACNUR, la Comisión Mexicana de Ayuda a los Refugiados (COMAR) y la Iglesia católica.

Un elemento que complicaba mucho los retornos fue el asentamiento de otras personas en las tierras que habían dejado abandonadas los refugiados y desplazados. Además casi todos estos nuevos ocupantes se vieron forzados a organizar PAC. Eran campesinos *reeducados* que, en general, no veían con buenos ojos la llegada de refugiados, a los que identificaban claramente con la guerrilla.

Según los casos documentados por ACNUR (Véase Apéndice 5 de la CEH) alrededor de un 30% de las familias no recuperó sus tierras, pero algunas de ellas lograron arreglos que les permitieron acceso a otras, en ocasiones de mejor calidad que las anteriores.

El panorama se muestra considerablemente más difícil para aquellos que perdieron sus tierras a manos de personas de la comunidad amparadas por personajes locales con poder derivado de su relación con el Ejército, como son los comisionados militares y los *comandantes* de las PAC, o por intervención directa de estos individuos. En estos casos la recuperación fue muy problemática, en la medida en que estas personas seguían ejerciendo poder dentro y fuera de la comunidad.

El retorno implicó confrontar los más diversos tipos de vivencia del enfrentamiento armado. Los que permanecieron en la comunidad o bajo control militar durante la guerra recibieron durante años el mensaje contrainsurgente, sobre todo a través de las PAC y en algunos casos por medio de los centros de *reeducación* donde se equiparaba a los desplazados con la guerrilla. En cambio, la población desplazada, soportó unas condiciones de vida infrahumanas y persecución durante años, pero no fue sujeta a los procesos ideológicos del Ejército. La CEH consideraba que no soportó ningún proceso ideológico, opinión que de ninguna manera comparto, pues gran parte de la población desplazada tuvo posteriormente una influencia ideológica de la guerrilla.

Los nuevos elementos de identidad de los desarraigados también iban muy ligados a nuevos principios aprendidos, tales como la defensa de los derechos humanos y civiles.

En el terreno político, el gobierno de Ramiro de León Carpio (1993-96) continuó con el proceso de paz y de democratización pero una de sus limitaciones era su condición de transitoriedad entre el 'autogolpe' de Serrano[14] y el gobierno que habría de venir en las próximas Elecciones. Si a ello añadimos que su no filiación política le obligaba estar a merced de los partidos en el Legislativo (con el FRG de Ríos Montt como primera fuerza), imposibilitaba, pese a que su tono conciliador permitió la firma de otros cinco Acuerdos, que la URNG rubricase el acuerdo definitivo de paz[15]. La guerrilla quería sellar el final de la guerra con un gobierno fuerte resultante de unas elecciones. Tal era la importancia que daba la insurgencia a las elecciones de 1995 que, tras 35 años de lucha, por primera vez declaró unilateralmente un alto el fuego desde el 1 al 13 de noviembre de 1995 para facilitar el proceso electoral. Otra novedad fue la constitución con fines electorales del Frente Democrático Nueva Guatemala (FDNG) a mediados de ese año, que en definitiva era una tapadera electoral de la guerrilla, estando conformado por muchos grupos de base de la URNG.

---

14    Serrano Elías, un ferviente evangélico y presidnete del Consejo de Estado durante el gobierno *de facto* de Ríos Montt, llegó al poder en 1991 aupado por su Movimiento de Acción Solidaria (MAS). En el Legislativo estaba en minoría, por lo que tuvo que hacer pactos temporales con distintos partidos, incluido el socialdemócrata. Lo más notorio de este gobierno fue el reinicio de las conversaciones de paz con la URNG. El proceso de paz se vio interrumpido, sin embargo, por el intento de 'autogolpe' de Serrano, el 25 de mayo de 1993, disolviendo el Congreso y la Corte Suprema de Justicia y la derogación de varios derechos civiles de la Constitución. Pero amplios sectores del Ejército no lo respaldaron y fracasó. Se nombró entonces por consenso a Ramiro de León Carpio, antiguo Procurador de los Derechos Humanos, como nuevo presidente de la República de Guatemala.

15    Ramiro de León estaba muy maniatado porque quizá fuera el presidente de Guatemala con menos poder real de los habidos en el siglo XX. Por ejemplo, no llegó a suprimir las PAC, como recomendaba cuando era procurador de derechos humanos, aunque sí consiguió la eliminación de los comisionados militares, creados en 1938 por el presidente Jorge Ubico (1931-44).

El punto más oscuro del mandato de Carpio y por lo que lo recordarán muchos activistas de derechos humanos fue la masacre que cometió una patrulla militar casi al final de su periodo al penetrar en la comunidad Aurora Ocho de Octubre, dejando 11 campesinos muertos y 27 heridos. Hacía más de tres años que no se producía una masacre (de las PAC) y desde 1991 el Ejército no tuvo participación directa.

El 12 de noviembre de 1995, el Partido de Avanzada Nacional (PAN) ganó la primera vuelta de las elecciones presidenciales y obtuvo mayoría absoluta en las legislativas, y el 7 de enero de 1996 se impuso también en segunda vuelta con Álvaro Arzú como nuevo presidente. El nuevo gobierno acelera el proceso de paz hasta la firma el 29 de diciembre de 1996 del Acuerdo de Paz Firme y Duradera e intensifica las mejoras en infraestructura. No obstante, los cambios económicos que los Acuerdos de Paz preconizaban no se producían.

El descontento social debido a la expectación que despertaron los acuerdos de paz y la escasa plasmación real de ellos, junto a la percepción de corrupción generalizada que permitían unas estructuras democráticas más transparentes que las de gobiernos anteriores, llevó en 1999 al FRG a ganar las elecciones con Alfonso Portillo como presidente de la República y Efraín Ríos Montt como presidente del Congreso.

Durante los cuatro años de gobierno de Portillo el FRG trató de constituirse en un partido-Estado al estilo del PRI mexicano. Su influencia en las comunidades rurales a través de las antiguas PAC le permitió en parte lograr esa omnipresencia.

El peso de los antiguos patrulleros se ha dejado sentir durante muchos años después de acaba la guerra. Para las elecciones de 2003 el candidato de la guerrilla Álvaro Colom en su programa electoral decía fundamentarse en los Acuerdos de Paz y comenzó la campaña prometiendo no compensar a las PAC sino a las víctimas de estos grupos paramilitares, pero en la recta final de la campaña acabó asumiendo el pago de estas indemnizaciones. Y es que eran tantos los miembros de las PAC que tomar políticas contra uno de los principales actores en las violaciones de derechos humanos, por asombroso que parezca, no es electoralista.

Desde el retorno a la democracia en 1986, los gobiernos guatemaltecos han variado entre la derecha apoyada en la oligarquía y la extrema derecha apoyada en el Ejército. Y cada vez más en una mezcla de ambos. El breve paréntesis del socialdemócrata Álvaro Colom (2008-12), ya alejado entonces de la guerrilla, dio paso a volver a un ex general, Otto Pérez Molina que acabó encarcelado por corrupción.

De 2016 a 2020 el presidente de la República fue el actor Jimmy Morales, apoyado en el Frente de Convergencia Nacional, partido con presencia notable de miembros de la Asociación de Veteranos Militares de Guatemala (AVEMILGUA), asociación revisionsta del conflicto armado interno que niega el papel represor del Ejército contra la población.

El ultraconservador Alejandro Giammattei venció en las elecciones presidenciales de 2019. Entre sus medidas defiende que el Ejército patrulle por las calles para combatir la delincuencia. En un país con los antecedentes de Guatemala esto no es una buena noticia.

La versión del Ejército continúa negando que se hubiese cometido genocidio en Guatemala. Sin embargo, es ya tan evidente que incluso un juzgado de Guatemala procesó a tres militares retirados que ocuparon el Alto Mando del Estado Mayor del Ejército por la presunta comisión de los delitos de genocidio: Manuel Benedicto Lucas García (Jefe del Estado Mayor del Ejército), Manuel Antonio Callejas y Callejas (jefe de Inteligencia) y César Octavio Noguera Argueta (jefe de Operaciones).

# CONCLUSIÓN

# GENOCIDIO EN GUATEMALA

El periodo de conflicto armado ha sido ampliamente estudiado por numerosos autores, pero de todas las investigaciones destacan sobre las demás la de la Oficina de Derechos Humanos de Guatemala (ODHAG) y la de la Comisión para el Esclarecimiento Histórico (CEH)[16].

La CEH tiene su origen en uno de los Acuerdos de Paz, en concreto en el 'Acuerdo sobre Establecimiento de la Comisión para el Esclarecimiento Histórico de las Violaciones a los Derechos Humanos y los Hechos de Violencia que han Causado Sufrimiento a la Población Guatemalteca', firmado en Oslo por el Gobierno y

16      Un problema con el que se encuentra el investigador es definir qué periodo abarca el conflicto armado en Guatemala. El Proyecto REMHI establece el periodo de la guerra desde 1960 hasta 1996, mientras que la CEH lo concentra en 1962-1996. Ambos coinciden que el final del conflicto armado termina con la firma de la paz. Pero para la fecha del inicio el proyecto de la Iglesia toma de referencia el intento de toma del poder por unos militares progresistas (y que originarían dos años más tarde las Fuerzas Armadas Rebeldes), mientras que la CEH toma precisamente el año en el que se fundan las FAR. Entre estas dos fechas me parece más acertada la primera, pues antes de que se formaran las FAR, algunos de esos militares ya habían comenzado actividades guerrilleras a través del Movimiento Revolucionario 13 de Noviembre (MR-13). Pero si hablamos de conflicto armado (sin guerra) me parece más adecuado tomar como fecha de inicio junio de 1954, cuando unos mercenarios (algunos ex-militares) apoyados por la CIA *desafiaron armadamente al Estado* constitucionalmente establecido —como se acusa a las guerrillas de izquierda— y éste no respondió sino que se rindió y entregó el poder a la primera guerrilla guatemalteca (aunque de derechas), el Ejército de Liberación Nacional del coronel Castillo Armas. Y no hay datos fiables sobre la represión qué ocurrió entre 1954 y 1960, donde muchos campesinos fueron asesinados por el único 'delito' de haber recibido tierra tras la Reforma agraria.

la URNG el 23 de junio de 1994. En el Acuerdo se decía que el informe de la Comisión resultante no haría señalamientos de responsabilidades individuales, y no tendría efectos judiciales[17]. Las organizaciones populares, indígenas y de derechos humanos mostraron su malestar al considerar insuficiente este Acuerdo. Por ello, la Iglesia católica comenzó a trabajar en un informe paralelo en el que sí se señalarían las responsabilidades individuales. Fue así como surge el informe de Recuperación de la Memoria Histórica (REMHI)[18] de la ODHAG, en el que se entrevistaron a unos 5.000 testigos, aproximadamente 3.000 menos que los que entrevistaría la CEH.

La entrega del informe REMHI al pueblo de Guatemala fue un acto público, celebrado el 26 de abril de 1998, en el que intervino la Premio Nobel de la Paz Rigoberta Menchú Tum. Dos días después el obispo Juan Gerardi, artífice principal del informe, es asesinado brutalmente en su domicilio. Las sospechas apuntan al Ejército, y en concreto al Estado Mayor Presidencial. Son encarcelados algunos presuntos autores materiales (incluidos un coronel, un capitán y un sargento, este último, seguramente con menor fidelidad al EMP, fue degollado en prisión durante un presunto motín) pero la impunidad permanece para los autores intelectuales. Para evitar nuevos asesinatos, todos los máximos responsables de la CEH abandonan el país al día siguiente de entregar su informe, en febrero de 1999. A este acto yo tuve la oportunidad de asistir. Portaba una cámara y un trípode de una ONG de derechos humanos y pude pasar como si fuera un miembro más de la prensa, lo que dejaba en evidencia el poco control de los asistentes. Al acto público acudió el presidente Álvaro Arzú presionado por la comunidad internacional pero, pese a las peticiones de las organizaciones de derechos humanos, no recogió el informe para no otorgarle demasiada relevancia, no fuera a ser que se incomodaran los militares (también asistió el ministro de Defensa general Marco Tulio Espinosa).

17      Este informe puede consultarse en http://shr.aaas.org/guatemala/ceh/report/spanish/toc.html

18      Este informe puede consultarse en http://www.derechoshumanos.net/lesahumanidad/informes/guatemala/informeREMHI-Tomo1.htm

La contundencia del informe de la CEH nos sorprendió a todos los asistentes. Al ser un informe elaborado bajo el amparo de la ONU, la sociedad guatemalteca, y seguramente tampoco el Gobierno y Fuerzas Armadas, esperaban que concluyera de forma tan contundente como lo hiciera el informe REMHI el año anterior. Pero ambos informes acusaban al Ejército de haber practicado un genocidio.

El término genocidio fue acuñado por el jurista polaco Raphël Lemkin en su libro *El poder del Eje en la Europa ocupada* (1944), al estudiar las atrocidades que la Alemania nazi estaba cometiendo principalmente contra los judíos. Sin embargo, la primera acción calificada de genocidio en el Siglo XX fue el ejecutado en Turquía en 1915-17 contra el pueblo armenio. Las estimaciones de ese asesinato en masa oscilan entre 600.000 y 1,8 millones de muertes, lo que equivale a una proporción de la población armenia otomana de entre la mitad y los tres cuartos[19]. Ésta es una proporción de muerte comparable al holocausto judío, en el cual unas dos terceras partes de los judíos europeos fueron asesinados. Durante varias décadas, los horrores cometidos contra el pueblo armenio fueron poco conocidos en el mundo externo. De hecho, el genocidio nazi contra los judíos pudo haber sido facilitado por el 'agujero de la memoria' en el cual los armenios habían caído.

La persecución de armenios continuó después. Nazim Hikmet, dijo en una sesión cerrada del Comité de Unión y Progreso —partido político de los 'Jóvenes Turcos', movimiento que aunque trató de modernizar Turquía pronto se convertiría en un grupo de fanáticos nacionalistas— en febrero de 1925 que «si esta purga no es general y final, será inevitable acarrear problemas. Por consiguiente, es absolutamente necesario eliminar a la población arme-

---

19 Las matanzas de turcos contra armenios son anteriores. El precente más cercano al gran genocidio de 1915 fue el régimen otomano del Sultán Abdul Hamid II que, en 1896, en una campaña represiva de asesinato masivo murieron por lo menos 200.000 armenios. Y antes que el armenio ya se produjeron genocidios, aunque no estuvieran tipificados. Y precisamente esta colección rescatará esta memoria olvidada, como el caso del Congo belga (1885-1908), Namibia (1904-1907)…

nia de manera integral, para que no exista ningún armenio en esta tierra y el concepto de armenio sea extinguido. No estamos en guerra. No tendremos nunca una oportunidad más conveniente que ésta» (Graber 1996:87-88).

Los contextos turco y guatemalteco son bien diferentes, pero coinciden en algunos aspectos comunes. Cuando Nazim Hikmet decía «no estamos en guerra [y por ello] no tendremos nunca una oportunidad más conveniente que ésta [para efectuar el exterminio de armenios]», recuerda a la versión del 'conflicto armado' esgrimida por la mayor parte de los círculos militares guatemaltecos, que no lo calificaban de guerra para de este modo, turcos y guatemaltecos, no estar sujetos a los Convenios de Ginebra.

Nazim Hikmet creía que «el concepto de armenio [debe ser] extinguido», como en Guatemala el de maya. No es casualidad que Ríos Montt, responsable de más de 400 masacres —casi la mitad de las ocurridas durante toda la guerra, de 36 años, se produjeron en su año y medio de gobierno—, hiciera hincapié en que «todos somos hermanos guatemaltecos», tratando de que desaparecieran expresiones como 'maya', 'indio', 'indígena'…

En Guatemala, la CEH adoptó como marco jurídico para analizar la eventual comisión de actos de genocidio durante el enfrentamiento armado interno a la Convención para la Prevención y la Sanción del Delito de Genocidio, adoptada por la Asamblea General de las Naciones Unidas el 9 de diciembre de 1948 y ratificada por el Estado de Guatemala en virtud del Decreto 704, el 30 de noviembre de 1949. El artículo II de dicho instrumento jurídico define el delito de genocidio y sus requisitos en los términos siguientes:

Se entiende por genocidio cualquiera de los actos mencionados a continuación perpetrados con la intención de destruir, total o parcialmente, a un grupo nacional, étnico, racial o religioso, como tal:

- Matanza de miembros del grupo;
- Lesión grave a la integridad física o mental de los miembros del grupo;

- Sometimiento intencional del grupo a condiciones de existencia que hayan de acarrear su destrucción física, total o parcial;
- Medidas destinadas a impedir los nacimientos en el seno del grupo;
- Traslado por fuerza de niños del grupo a otro grupo.

Considerando el conjunto de actos criminales y violaciones de los derechos humanos correspondientes a la región noroccidental (mayoritariamente maya) y a la década de los ochenta, analizados al efecto de determinar si constituían delito de genocidio, la CEH concluyó que la reiteración de actos destructivos dirigidos de forma sistemática contra grupos de la población maya, entre los que se cuenta la eliminación de líderes y actos criminales contra menores que no podían constituir un objetivo militar, pone de manifiesto que el único factor común a todas las víctimas era su pertenencia a un determinado grupo étnico y evidencia que dichos actos fueron cometidos con la intención de destruir total o parcialmente a dichos grupos, constituyendo un delito de genocidio.

REMHI (1998:IV, 489-490) añade que la violencia contrainsurgente se generalizó contra comunidades enteras, incluyendo a la población civil no combatiente e incluso contra los niños, siguiendo un patrón de actuación frecuente y con características comunes en distintas regiones del país. En otras ocasiones, la violencia se desarrolló contra la población civil, afectando a grupos enteros (en unos casos por su posición religiosa —como la persecución de catequistas en los primeros años ochenta en El Quiché—, en algunas regiones con implicaciones étnicas,...). Todas esas formas de violencia, que han sido analizadas a lo largo del Informe REMHI, tienen ciertas características genocidas.

Un acto que demuestra este carácter genocida de la política gubernamental fueron los ataques contra niños, embarazadas y ancianos. Los dos primeros para arrancar la semilla, el símbolo de la vida, el de la perpetuidad de la vida. Matar ancianos era matar la sabiduría de la gente, su memoria histórica, sus raíces.

Especialmente entre los años 1980-83, muchos niños fueron asesinados directamente por soldados y miembros de las PAC. En la mitad de los casos de masacres registrados por REMHI se relatan asesinatos colectivos de niños y niñas. Las prácticas horrendas del Ejército incluían «la amputación o extracción traumática de miembros; los empalamientos; el asesinato de personas rociadas con gasolina y quemadas vivas; la extracción de vísceras de víctimas todavía vivas en presencia de otras; la reclusión de personas ya mortalmente torturadas, manteniéndolas durante días en estado agónico; la abertura de vientres de mujeres embarazadas [...]» (CEH 1999:35). También el asesinato de «niños y niñas indefensos, a quienes se dio muerte en muchas ocasiones golpeándolos contra paredes o tirándolos vivos a fosas sobre las cuales se lanzaron más tarde los cadáveres de los adultos» (CEH 1999:36) ocurrió en múltiples masacres, como muestra este testimonio de la masacre de la aldea Nueva Esperanza (Barillas, Huehuetenango), en septiembre de 1982, donde murieron 14 personas:

> «A un bebé de tres meses le agarraron de los pies y le chocaron su cabecita contra los horcones de la iglesia. Otro bebé lo enterraron vivo junto a su mamá violada y asesinada. Lo desenterré y aún latía su corazón, pero luego se murió» (Entrevista a un retornado mam. Notas de campo, septiembre de 1997).

Muchas menores fueron violadas durante masacres o capturas. En cambio, en menor medida se recogen muertes de niños por acciones indiscriminadas de disparos o ametrallamientos de comunidades. Esto muestra un carácter directo de agresión intencional, congruente con el trato que sufrieron globalmente las comunidades en esas situaciones (REMHI 1998:I).

En el contexto de masacres la violencia contra mujeres embarazadas llegó en ocasiones al ensañamiento contra las criaturas que llevaban en sus vientres. Muchos niños víctimas del horror no aparecen en las estadísticas sobre la violencia porque no llegaron a tener nombre: murieron aún antes de nacer.

Además, en muchas masacres, la violencia contra los niños no sólo fue parte de la violencia contra la comunidad, sino que tuvo un carácter intencional específico. En estos testimonios recogidos por REMHI son frecuentes las expresiones de los soldados o patrulleros sobre el asesinato de niños como una forma de eliminación de toda posibilidad de reconstrucción de la comunidad.

Esperanza, miembro de la Dirección Nacional del EGP cuando Silvia Solórzano, escritora y miembro del EGP, la entrevistó, señala la especificidad de los ataques del Ejército contra la mujer:

«Si en alguien el Ejército se cegó en su represión, fue en la mujer. [...] Las mujeres y los niños asesinados se vuelven el símbolo de la destrucción. [...] Es la mujer indígena quien siempre ha servido como la reproductora de la fuerza de trabajo barata, peor remunerada, más despreciable y discriminada, aunque sea indispensable. Pero, además, en el pensamiento prepotente, machista y de dominador del enemigo, la mujer indígena ha sido tradicionalmente colocada como objeto de su satisfacción sexual y como objeto de sus violaciones. [...] Al hombre, cuando el Ejército arrasaba las aldeas, lo asesinaban, lo partían en pedazos; pero a la mujer, en la que veían la fuente de futuros revolucionarios, el asesinato de la simiente, de la reproductora, la saña y el terror se concentraron. De allí que en todas las aldeas se encontraran mujeres violadas, ultrajadas con el vientre abierto y las entrañas fuera, y a los bebitos sin nacer, a los fetos, fuera del vientre. La saña del macho y el odio enemigo de clase, multiplicados, fueron dirigidos contra la mujer, para cortar la fuente de vida con la mayor brutalidad» (Solórzano 1989:115).

La violación formó parte de la maquinaria de la guerra, siendo frecuentes las agresiones sexuales a las mujeres delante de sus familias. La expresión pública y abierta del acto sexual violento ejercido contra las mujeres y realizado por varios hombres, alentaba el espíritu de complicidad machista, estimulando la exaltación del poder y la autoridad como valores adscritos a su «masculinidad»[20].

En el polo opuesto de la discusión sobre el genocidio perpetrado en Guatemala se encuentra la visión de los militares. Para el coro-

---

20    En REMHI (1998:18-19) se explica esta violencia contra las mujeres.

nel Mérida (2000:226, 361) «nunca existió una política institucional de exterminio [aunque] es posible que algún militar excediera su respuesta militar [...], que en algún momento más de algún militar haya matado a gente inocente». Para él, la Escuela de las Américas propició la discusión sobre Democracia, Derechos Humanos, Desarrollo y Drogas y en el Anexo H del Plan de Campaña Victoria 82 se plasmaron los Convenios de Ginebra sobre Derechos Humanos de los combatientes y no combatientes (Mérida 2000:225)[21].

Contra la conclusión generalizada de investigadores y observadores independientes (Falla 1991; REMHI 1998; CEH 1999; Sichar 2000) que señalan al periodo de Ríos Montt como el de mayor represión gubernamental, hay militares[22] (general Gramajo 1995:179-180; coronel Mérida 2000:225-234) que lo describen como el de mayor interés por parte del Ejército en respetar los Derechos Humanos, basándose en el Anexo H del Plan de Campaña Victoria 82, donde muestra una serie de medidas para proteger a la población civil en caso de fuego cruzado y un código de conducta para con la población civil. Medidas que no se aplicaron en la mayor parte de los casos si nos atenemos a los informes antes mencionados[23].

---

21      La Escuela de las Américas fue establecida en Panamá en 1946, con la supuesta intención de promover la estabilidad en América Latina. Pero en los años sesenta, en vez de haber promovido la estabilidad, la Escuela produjo tantos tiranos, dictadores, y semejantes, que en los círculos latinoamericanos se llegó a conocer como la Escuela de los Golpes. Bajo los términos del Tratado del Canal de Panamá, la Escuela de las Américas fue trasladada a Fort Benning (Georgia, EEUU) en 1984. En aquella época, el entonces presidente de Panamá, Jorge Illueca, llamó a la Escuela «la más grande base para la inestabilización en América Latina», y el periódico panameño La Prensa la apodó «La Escuela de Asesinos».

22      Para conocer la línea política de los militares guatemaltecos es necesario leer el gran estudio de Schirmer (1999) donde generales de la talla de Gramajo (ministro de Defensa entre 1986 y 1990) revelan auténticas 'intimidades' de la lucha contrainsurgente y del proyecto político que acompañaba a la estrategia militar.

23      Ball, Kobrak y Spirer (1999) recogen una base datos de 37.000 asesinatos y desapariciones que atribuye el 43% de las violaciones de derechos humanos a los 17 meses en que Ríos Montt fue presidente de facto. En mis

Más que fijarnos en las conclusiones de unos militares implicados directamente en el genocidio, merece más la pena detenerse en analizar las conclusiones de académicos que también niegan que se produjera genocidio. Valdez Estrada (2000), investigador del Instituto de Estudios Interétnicos de la Universidad de San Carlos, hace un análisis comparativo de Kosovo y Guatemala concluyendo que así como en los Balcanes hubo genocidio, no ocurrió en Guatemala. Aparte de que no entra en profundidad en el análisis kosovar y por ello tiene algunas imprecisiones, su visión sobre Guatemala obedece sorprendentemente a la lectura oficial y que aquí trataré de desmontar para mostrar con datos objetivos lo separada que está de la realidad esta versión de la historia guatemalteca.

Las comparaciones entre Yugoslavia y el proceso de 'balcanización' de Guatemala han sido muy recurrentes, y sobre todo lo fueron a medida que se iba acercando la Consulta Popular de mayo de 1999 en las que se planteaba a la población unas Reformas Constitucionales que habrían reducido el poder del Ejército y habrían respetado el derecho consuetudinario maya[24]. Pero la lectura que se hace del conflicto balcánico suele ser muy superficial y adaptada para tratar de explicar algunos rasgos comunes entre ambos países que no siempre están tan claros. Estas supuestas similitudes son ofrecidas a la población siguiendo las estrategias del miedo para frenar las legítimas aspiraciones del pueblo maya a ser considerado como tal. La lectura que se ofrece es «si el movimiento maya sigue el camino de los croatas, bosnios, albaneses o macedonios en Yugoslavia, el resultado en Guatemala será una nueva guerra con consecuencias catastróficas. Por lo tanto, dejemos todo tal cual está», es decir, que continúe la dominación ladina en el país. El artículo de este investigador de estudios interétnicos no escapa a esta óptica.

---

propias investigaciones cuento con datos que atestiguan que en ese periodo se produjeron el 39% de las masacres gubernamentales y paramilitares.

24      Consulta que se perdió, pese a que ningún partido político relevante (ni siquiera el de Ríos Montt) se atrevió a criticar. La derecha más recalcitrante creó nuevos actores para la campaña del No, y acabaron venciendo.

Un error grave de Valdez Estrada (2000:39) es decir que «bajo el régimen socialista de Tito, los procesos de limpieza étnica y de genocidio fueron el método utilizado para afianzar el dominio sobre toda la federación yugoslava [sic], en este caso, el exterminio estuvo dirigido contra los croatas, los albaneses y también contra los eslovenos». En realidad se produjeron episodios genocidas en la historia de Yugoslavia durante la Segunda Guerra Mundial cuando los *ustachis* croatas del fascista Ante Pavelic persiguieron sistemáticamente a serbios, judíos y gitanos. Posteriormente hubo una revancha de *chetniks* serbios (monárquicos) contra los croatas. El partisano —y enemigo de los *chetniks*— Josip Broz 'Tito' (hijo de padre croata y de madre eslovena, y nacido cerca de Zagreb) puso fin, a la fuerza eso sí, a esas luchas interétnicas.

Este investigador de la USAC diferencia el contencioso de Kosovo —étnico— del guatemalteco —ideológico—[25]. En su aná-

---

25      Un ejemplo que argumenta como de etnicidad en la guerra en Kosovo es que los goranos (serbios musulmanes) apoyaron a Serbia y no a sus hermanos albaneses de mayoría musulmana. El conflicto de Kosovo no se puede separar del de la desintegración de Yugoslavia, y en Bosnia, especialmente en Sarajevo, hay casos de serbios que luchaban por una Bosnia pluriétnica (y no musulmana) y que, por tanto, fueron atacados por los nacionalistas serbios de Radovan Karadzic. Esos serbios estaban muy bien considerados por sus compañeros musulmanes y croatas al principio de la guerra, si bien la radicalización étnica del conflicto dificultó estas relaciones. En el gobierno bosnio había musulmanes, croatas y serbios. Como símbolo de esta multiculturalidad estaba Stjepan Siber, comandante adjunto de la 'Armija' bosnia, de origen croata y defensor de un Estado bosnio pluriétnico. En el Consejo de Defensa Croata (HVO) —rama paramilitar de la Unión Democrática Croata (HDZ) que acabaría luchando también contra los musulmanes— había al principio de la guerra un 32% de musulmanes y en la 'Armija' un 27% de croatas. También hubo musulmanes (como Yusuf Prazina 'Yuka' o Refic Saric) en el lado croata torturando a 'compatriotas musulmanes'.

En una conferencia organizada, en 1996, por Politeia —asociación dedicada a la discusión e investigación en temas de política—en la Universidad Autónoma de Madrid, unas mujeres bosnias musulmanas de Srbrenica dijeron que «en la República Serbia [de Bosnia] viven los *chetniks* y en la Federación croato-musulmana los serbios». Estas palabras dichas por unas mujeres muy dolidas, porque después de más de un año todavía no sabían si sus maridos estaban vivos, rebelaban que no odiaban a los serbios sino a los fascistas (como ellas

lisis sobre Guatemala nos encontramos con la frase siguiente: «el erradicar las raíces culturales del pueblo maya puede parecer — según algunos investigadores— uno de los fines de la confrontación. Pero el conflicto interno guatemalteco no fue generado por la diversidad étnica o por el deseo de reivindicar los derechos de un pueblo sobre otro, sino por el propósito de fomentar la lucha de clases generadora de la revolución y motor del cambio histórico de un modelo de producción capitalista a uno socialista» (Valdez Estrada 2000:37).

Reducir la complejidad del conflicto guatemalteco a un intento de establecer el socialismo por una guerrilla marxista es un argumento muy simplista. Más bien se puede pensar, como mantiene Cardoza y Aragón (1981:177), que «los analfabetos indígenas guatemaltecos, que por centenares de millares no hablan español, no están leyendo a Marx: es la persecución, el despojo de sus tierras en donde estaban asentados precolombinamente, la secular miseria,

---

los llamaron) serbios y croatas que no quisieron una Bosnia multiétnica para todos. Por tanto, esta guerra no fue étnica sino ideológica, aunque tuviera consecuencias de genocidio étnico, religioso y político (persecución sistemática de demócratas).

Sobre la falta de un cariz religioso parece estar más claro. La incomodidad que sentían muchos de los llamados musulmanes ante la llegada de islamistas radicales de países de Oriente Medio y norteafricanos y la escasa frecuencia con que acudían a la mezquita antes de la guerra habla por sí solo de unos bosniacos 'poco musulmanes'. Por otra parte, un acérrimo comunista como el general Ratko Mladic difícilmente estaría defendiendo a la Iglesia ortodoxa serbia, como sí hacían los ultranacionalistas de Selej. La religión, como la etnia, fue una instrumentación y un factor más de contraposición hacia el 'otro' enemigo. Esta artimaña ha sido muy utilizada en otras guerras, por ejemplo, por el régimen laico de Sadam Husein que en teoría se islamizó en la Guerra del Golfo de 1991 frente al 'pagano' occidental.

Incluso aunque el transcurso de la guerra sí que radicalizó a gran parte de la población en las posturas religiosas, hay también numerosos ejemplos contrarios, como la del ex-primer ministro musulmán Haris Silajzic que se separó del Partido de Acción Democrática (SDA) de Alia Izetbegovic por considerarlo dictatorial y sectario y creó el Partido para Bosnia y Herzegovina, con una postura más aconfesional. Aún con todo, el SDA se desmarcaba de los grupos islamistas y huía de la influencia iraní, tomando como modelo de Estado el laicismo musulmán de la Turquía de Kemal Atatürk y vigente hasta la llegada al poder de Recep Tayyip Erdoğan.

lo que ha puesto en marcha su coraje para reconstruir su dignidad y lo que de suyo es suyo». Los detonantes del conflicto armado se puede decir que fueron el golpe contra la democracia en 1954 y la situación de la población pobre antes descrita. Además los militares que dieron origen a las primeras guerrillas al principio no tenían ninguna relación con el Partido Guatemalteco del Trabajo (comunista).

Valdez Estrada (2000:42) considera también que «la agresión a la población indígena por parte del ejército de Guatemala, no tenía como objetivo el genocidio tal y como es entendido este término en muchos sectores de intelectuales, es decir, el exterminio de la población indígena por ser indígena, ni se plantearon la limpieza étnica para expandir el espacio geográfico de los ladinos. Aquí el exterminio obedeció a los planteamientos ideológicos surgidos por la confrontación armada, éstos eran: por un lado la aplicación de la estrategia de *tierra arrasada* para cortar cualquier vínculo de la población indígena con la guerrilla, y por el otro, aterrorizar a las comunidades de otras regiones con esta clase de hechos como ejemplo, el futuro que les esperaba si proporcionaban su apoyo a las fuerzas insurgentes». Y añade la definición de genocidio del diccionario de la Real Academia de Lengua Española: exterminio o eliminación sistemática de un grupo social por motivo de raza, religión o de política.

Aunque puede que no hubiera intención de aniquilar por completo a la mano de obra barata indígena, sí se atacó indiscriminadamente a este pueblo porque por el 'hecho de ser indígena' se les consideraba comunista y, por tanto, parte del 'enemigo interno' a combatir[26]. Con lo que se está ante un hecho de eliminación siste-

---

26     En los años cincuenta los militares franceses analizaron el fracaso militar en Dien-Bien-Phu (Indochina), llegando a la conclusión de que el problema de su derrota fue de métodos. La solución fue buscar nuevas formas de lucha. Así, los franceses tomaron las experiencias de los ejércitos ingleses en Malasia, de los norteamericanos en Filipinas y de los holandeses en Indonesia. Diseñaron nuevas hipótesis de conflicto e intentaron establecer nuevas formas de enfrentar los conflictos. Es en ese momento cuando emerge la teoría del *enemigo interno* y de la guerra que se hace en todos los campos. La respuesta

mática de un grupo por razones de raza (ser indígena) y políticas (ser 'comunista'). Si se tiene en cuenta que, especialmente durante el gobierno del evangélico Ríos Montt (pero comenzó antes), los católicos fueron perseguidos en mayor medida, acusados de ser guerrilleros, nos encontramos también con un genocidio por motivos religiosos.

Es necesario distinguir entre «la intención de destruir al grupo total o parcialmente», es decir, la determinación positiva de hacerlo, y los motivos de dicha intención. Para que se configure el tipo genocida, basta la intención de destruir al grupo, cualquiera que sea el motivo. Por ejemplo, si el motivo por el cual se intenta destruir a un grupo étnico no es de carácter racista, sino sólo militar, igualmente se configura el delito de genocidio. Un acto cumple con los requisitos del tipo penal de genocidio, definido por la Convención para la Prevención y Sanción del Crimen de Genocidio[27], incluso si forma parte de una política más extensa que no se encuentra dirigida al exterminio físico propiamente tal. En este sentido es pertinente distinguir entre política genocida y actos de genocidio. Existe una política genocida cuando el objetivo final de las acciones es el exterminio de un grupo, en todo o en parte. Existen actos genocidas cuando el objetivo final no es el extermino del grupo sino otros fines políticos, económicos, militares o de cualquier otra índole, pero los medios que se utilizan para alcanzar ese objetivo final contemplan el exterminio total o parcial del grupo.

---

será una *guerra total*, extendida a todos los ámbitos. Así surge la doctrina de la contrainsurgencia, que plantea que cuando el poder político está en peligro, los militares son los únicos que disponen de medios suficientes para establecer el orden. En una situación de «emergencia», según el teórico militar francés Roguer Trinquier, los límites legales establecidos detienen la acción de las fuerzas militares regulares y la protección de la ley favorece al irregular. La ley es un obstáculo para la guerra total, la solución es apartar al prisionero del marco legal que pueda protegerlo. Asimismo, las tareas de inteligencia e informaciones pasan a un primer plano (Lázara 1987:35-36).

27      Esta Convención fue adoptada por la Resolución 260 (III), del 9 de diciembre de 1948, de la Asamblea General de las Naciones Unidas, y entró en vigor el 12 de enero de 1951. Guatemala ya había ratificado la Convención el 13 de enero de 1950.

En este sentido coincido plenamente con el médico guatemalteco García Noval (1999:49) cuando dice que aunque el genocidio ha provocado controversia desde el punto de vista jurídico, su caracterización como tal puede ser fuertemente sostenida desde criterios sociológicos. Especialmente si se incluye el razonamiento de la intención de la eliminación de una cultura por diversos medios: la violencia que, aunque no podría llegar a estas alturas del siglo XX al exterminio, sí pretendería crear las condiciones para el desarrollo de una política de paulatina desaparición de etnias y culturas como tales. En ese sentido, la derrota de la insurgencia que, con todo y sus vacíos y vicios tenía una propuesta ética y política diferente, sería indispensable para aquellos que persiguieran el etnocidio. Desde el punto de vista sociológico parece irrefutable la tesis de que en Guatemala existió genocidio político (eliminación sistemática por razones ideológicas y políticas). Toda forma de disidencia formó parte del amplio concepto de 'enemigo interno' que intentaba eliminarse. Desde el punto de vista jurídico la inclusión de lo político está, aún, en el terreno del debate. Por el contrario, la caracterización jurídica de etnocidio contra la población ixil (y otras etnias) se ha consolidado.

En cuanto a su argumento de que la política de *tierra arrasada* no planteaba la limpieza étnica para expandir el espacio geográfico de los ladinos, si bien es cierto que no se puede plantear que estuviera planteada una conquista de *lebensraum* ('espacio vital') como ocurriera en el Tercer Reich, la Gran Serbia, la Gran Croacia, o los hutus y tutsis en Ruanda y Burundi, sí que hubo zonas, como las que aquí se analizan, donde el gobierno trataba de quitar tierras a los indígenas en favor de las petroleras (Ixcán) o militares (la *franja de los generales* de Alta Verapaz)[28].

---

28    La franja transversal del norte (FTN) es una carretera que une el norte de Alta Verapaz con Ixcán. Se construyó a mediados de los años setenta con la esperanza de que fuera una zona de maquilas. La virulencia que cobró la guerra en esa zona impidió que prosperara la idea original. Muchos militares se apropiaron de tierras cercanas a la FTN y por ello se la conoce popularmente como franja de los generales.

Valdez Estrada (2000:42-43) continúa su exposición argumentando que «no debemos olvidar que la lucha de la guerrilla se sustentaba en los planteamientos ideológicos de la revolución formulados por Marx y Lenin, por lo que sus reivindicaciones eran de tipo de *lucha de clases sociales* y no por el reconocimiento de la identidad y derechos de los pueblos indígenas. El componente *étnico* y la defensa de la identidad del pueblo maya fueron incorporados al discurso de la guerrilla en los noventa, producto de la coyuntura generada en el marco del V Centenario del Descubrimiento de América. En la década de los ochenta, la tesis esgrimida por algunos intelectuales muy influyentes en la guerrilla, era la ladinización de la población indígena para alcanzar un verdadero desarrollo y crear las bases de su concienciación como integrantes de la clase proletaria, generando así la revolución [...]. Además, se ha de tomar en cuenta que también hubo actitudes de exterminio de población indígena por parte de la guerrilla» (la cursiva es del original).

Hipótesis parecida se la escuché a Otilia Lux de Cotí, una de las que fue comisionadas principales de la CEH y posteriormente, para gran sorpresa, ministra de Cultura y Deportes con el gobierno de Alfonso Portillo (2000-2004), un verdadero títere de Ríos Montt. Esta mujer maya k'iche' en una conferencia dijo que «la derecha por un lado y la izquierda por el otro, jalaron al indio», argumento que en definitiva equipara a un bando y otro de manera similar a la tesis de Stoll (1993) de su libro *Entre dos fuegos*. Al preguntarle sobre la incorporación de las reivindicaciones étnicas de la guerrilla me contestó que «eso fue después de la caída del muro de Berlín, cuando se les derrumbó su plataforma ideológica. Fue oportunismo».

Tanto ella como Valdez Estrada evidencian un error histórico, pues los surgimientos, en la década de los setenta, del Ejército Guerrillero de los Pobres (EGP) y de la Organización del Pueblo en Armas (ORPA), en parte, se debió a incorporar reivindicaciones de tipo compensatorio para el indígena que no contemplaban ni las FAR ni el PGT. En ORPA tuvo mucha influencia la obra de Guzmán y Hebert (1969) donde reinterpretan la historia de Guatemala tomando al indígena como sujeto histórico del cambio que la guerrilla planteaba[29]. Desconozco a qué intelectuales del entorno de la guerrilla pueda referirse Valdez Estrada, pues en su mayor parte pertenecían a estos dos grupos más concienciados con el problema indígena.

Es cierto que la guerrilla cometió algunas masacres en comunidades indígenas y que la zona más castigada por los rebeldes, al igual que por el Ejército, fue el departamento de El Quiché, de mayoría maya. Pero hay testimonios como el de un k'iche' que aseguraba a la CEH (testigo 840) que «en 1981 y 1982 se escuchó de especialistas del Ejército oriundos de Sacapulas y otros municipios de Quiché, que tenían acceso a la comandancia de la base militar número 20 de Santa Cruz del Quiché, (VI Zona Militar Mariscal Gregorio Solares) sobre la orden que habían girado el primero y segundo comandante de matar a todos los indios. Algunos pilotos y personas a cargo de la seguridad de los comandantes, sacaron a sus familiares de Quiché para resguardarlos, dado que la orden era real». Este tipo de órdenes no se dieron en la insurgencia.

Se puede decir que la guerrilla mató indígenas porque se movía en un medio donde la población era indígena pero que no había un plan sistemático de aniquilación de indígenas y que incluso asumían algunas de las reivindicaciones del movimiento maya menos nacionalista, mientras que el Ejército, atacaba las comunidades indígenas porque las consideraba parte del enemigo interno por prejuicios raciales contra los indígenas a los que identificaba con el comunismo y el diablo. Se puede añadir la idea de García Noval (1999:50), la izquierda guatemalteca tiene que rendir cuentas de muchas cosas, pero esta crítica no puede desorientar hacia interpretaciones de «equilibrio» en lo fáctico y de «dos demonios» en lo

---

29      Estos dos autores, guatemalteco y francés respectivamente, observan que para «que el 'indio' recupere su identidad, se despierte, se vuelva actor de su historia se debe reanudar el hilo del tiempo en el cual fue cortado. Solamente a través de este proceso puede ponerse en marcha la historia guatemalteca en su totalidad» (Guzmán y Hebert 1969:44). Con ello rompen con la clásica visión del PGT y FAR de relegar el problema político de Guatemala a una cuestión exclusivamente de clases sociales.

ético. Dado que los crímenes del Ejército son inocultables busca la interpretación del equilibrio.

Durante mi trabajo de campo he escuchado a antiguos guerrilleros de diverso rango comentar con vergüenza algunos de sus errores concretos, añadiendo que eran aislados y no como parte de una política sistematizada como practicaba el Ejército. En cambio militares y soldados me han dicho que algún error habrá habido pero pocos. Y tenían el descaro de aducir que muchas de las osamentas encontradas en presuntas fosas comunes eran víctimas del terremoto de 1976, en una infamia similar a cuando los revisionistas nazis sostienen que las cámaras de gas eran para despiojar a los prisioneros. Otras veces las achacaban a asesinados por la guerrilla. El coronel Mérida (2000:362) resalta los muertos que provocaron a la guerrilla pero en ningún momento habla de víctimas civiles atacadas por el Ejército:

«Pueden ser los más de 4.000 muertos que le hicimos a la guerrilla durante el conflicto y algunas masacres como las de Rebelulom, El Aguacateo, Chacalté (cometidas por la guerrilla), así como algunas ejecuciones hechas por el Ejército»[30].

Esta diferenciación entre los excesos concretos que reconoce la guerrilla y los difuminados que se autoatribuye el Ejército puede iluminarse mediante la consideración de la perspectiva kantiana de no hacer público lo que se sabe que no es ético. La guerrilla sabe que abusó menos y puede publicar sus escasos excesos en comparación con el enemigo; el Ejército gubernamental niega todo porque de hacer público su comportamiento sería reprobable. Aun con todo, la guerrilla podría haber dado pasos más firmes reconociendo excesos. Sólo reconoce públicamente hasta 3 de las 50 masacres que le son atribuidas. Tuve oportunidad de plantear al *comandante* Rodrigo Asturias (máximo dirigente de ORPA) que

---

30     La masacre de Rebelulom que señala Mérida no está registrada ni en REMHI (1998), ni en CEH (1999) ni en Sichar (2000), ni entre las cometidas por la guerrilla ni entre las perpetradas por el Ejército u otros grupos armados. No he encontrado información de esta hipotética masacre en ningún otro escrito.

reconocieran todas las masacres y excesos y que señalaran a los culpables, dado que no habían seguido órdenes de la cúpula. Su respuesta me convenció poco. Decía que muchos ya no estaban con la URNG y que se vería como un ajuste de cuentas con los que ya dejaron el proyecto político. Le insistí en que al menos señalaran a los que seguían con ellos. Pero ahí quedó todo.

Para concluir, el término genocidio está muy manido. A cualquiera que sea un dictador sus adversarios le llaman genocida. En un mundo donde todavía la línea de división izquierda/derecha es más gruesa que la de ser demócrata o liberticida, izquierdistas acusan a Francisco Franco de genocida o derechistas repiten el calificativo contra Nicolás Maduro, conviene no banalizar el mal. La simplista razón de Albert Rivera para no hablar sobre Franco —el líder de Ciudadanos arguía haber nacido 4 años después de la muerte del dictador— no puede ser respondida por un presidente de España —aunque estuviera en funciones— con que es como si un alemán no conociera el Holocasuto. Tampoco el criminal comportamiento de un número nada desdeñable de independentistas catalanes destruyendo ciudades y atancando a policías probablemtne con intención de darles muerte, no debería llevar a nadie a compararlos con los nazis que tienen a sus espaldas todo un holocausto.

Esta colección de CITMA nació precisamente para pretender mostrar al mundo los actos que realmente fueron genocicios. Frente a la banalización, el rigor investigativo. Frente a prejuicios ideológicos, análisis histórico y jurídico. Y en el caso de Guatemala, podemos concluir, amparándonos en el rigor de las comisiones REMHI y CEH y en el análisis de los actos aquí descritos, que el bando gubernamental, y sólo este bando ayudado de fuerzas paramiliares, cometió genocidio.

# HECHOS HISTÓRICOS MÁS RELEVANTES DE GUATEMALA

**300-900**
Periodo maya clásico.

**900-1524**
Periodos de guerras y comercio intenso. A partir del siglo XIV los k'iche' consolidan su hegemonía política.

**1524**
Conquista española encabezada por Pedro Alvarado. Mueren dos tercios de la población india.

**1820**
Levantamiento indio en Totonicapán.

**15-9-1821**
'Independencia' de Guatemala.

**1823**
Creación de la Federación Centroamericana.

**1826-1829**
Mario Gálvez (liberal) asume la Presidencia. La penetración económica británica suplanta a la española.

**1838**
Derrocarramiento de Gálvez por un movimiento armado de los conservadores. Disolución de la Federación Centroamericana.

**1839-1871**
Rafael Carrera (conservador) asume la Presidencia.

**1856**
Tratado de Dallas-Clarendon entre Gran Bretaña y EEUU. Los británicos renuncian a sus 'derechos' en Centroamérica.

**1871**
Justo Rufino Barrios inicia el «periodo liberal». Empieza la influencia alemana. Las tierras de la Iglesia y de los indios son confiscadas y distribuidas a los latifundistas para la producción de café (monocultivo).

**1877**
Se promulga el Reglamento de Jornaleros. Levantamiento k'iche'.

**1878**
Se promulga la Ley contra la Vagancia que obligó a los indios a trabajar sin cobrar de 100 a 150 días al año en las fincas cafetaleras.

**1898**
Reina Barrios es asesinado. Rebelión india de San Juan Ixcoy.

| | |
|---|---|
| **1898-1920** | Gobierno de Estrada Cabrera (liberal). |
| **1901** | Convenio con la UFCO para la explotación del banano. |
| **1904** | Construcción del ferrocarril Puerto Barrios-El Rancho-Guatemala. |
| **1905** | Levantamiento indio de Totonicapán. |
| **1914-1918** | Primera Guerra Mundial. Decadencia de la influencia alemana y aumento de la estadounidense. |
| **1920** | Estrada Cabrera es derrotado por milicias obreras. Carlos Herrera es nombrado presidente. |
| **1921** | Golpe de Estado. José María Orellana encabeza un triunvirato militar. |
| **1922** | Levantamiento k'iche'. |
| **1931** | Jorge Ubico (conservador y simpatizante del nazismo alemán) asume la Presidencia. |
| **9-7-1938** | Creación de los Comisionados Militares como representantes locales del Ejército. |
| **1-9-1939** | Comienza la Segunda Guerra Mundial. |
| **1940** | EEUU obliga a Ubico a nacionalizar los intereses cafetaleros alemanes. |
| **1944** | Ubico dimite por la presión popular. Un triunvirato militar toma el poder. La Revolución de octubre instaura una democracia. |
| **1945** | Juan José Arévalo Bermejo (FPL-RN) es elegido Presidente. |
| **28-9-1949** | Se funda el PGT. |
| **1950** | Jacobo Arbenz (PAR) es elegido Presidente. |
| **1952** | Se legaliza el PGT. Ley de Reforma Agraria. |
| **1953** | Confiscación de tierras ociosas y reparto a 100.000 familias. |
| **1954** | Contra-revolución de Castillo Armas apoyada por la CIA. Instauración de un gobierno militar. |
| **1957** | Armas es asesinado por un guardaespaldas. |
| **1958** | Ydígoras (RDN) es elegido Presidente. |
| **13-11-1960** | Levantamiento de 1/3 del Ejército contra el Gobierno. Da origen al MR-13. |

**1961**

El PGT apoya la lucha armada.

**1962**

Se fundan el M-12 y el M-20.

**12-1962**

Nacen las FAR integradas por el MR-13, el M-12 y el M-20.

**1963**

Ydígoras es depuesto mediante un golpe militar encabezado por Peralta Azurdia. Fundación del FGEI.

**1966**

Méndez Montenegro (PR) es elegido Presidente. Se inician los diálogos con la guerrilla y pronto se intensifica la lucha anti-guerrillera.

**1968**

Ruptura entre PGT y FAR. Se crean las Fuerzas Armadas Revolucionarias como brazo armado del PGT.

**1970**

Arana Osorio (PID) es elegido Presidente.

**19-1-1972**

Nace el EGP.

**9-1972**

Nace ORPA.

**1974**

Ríos Montt gana las elecciones pero el Gobierno impone como Presidente a Laugerud García (PID).

**1975**

Sale a la luz pública el EGP asesinando al Tigre del Ixcán, un terrateniente con fama de cruel.

**4-2-1976**

Terremoto: 25.000 muertos.

**1978**

Lucas García (PID) es elegido Presidente.

**29-5-1978**

El Ejército asesina a 114 q'eqchi' en Panzós.

**1979**

Sale a la luz pública ORPA.

**31-1-1980**

La Policía incendia la embajada de España, asesinando a 37 personas (españolas y guatemaltecas) en el interior de la Embajada de España y ejecutando posteriormente a otras 4 personas.

**11-1981**

Inicio de la «tierra arrasada».

**7-2-1982**

PGT, FAR, EGP y ORPA conforman la URNG.

**23-3-1982**

Golpe de Estado de Ríos Montt. Aumenta la «tierra arrasada». Unos 150.000 campesinos huyen a Chiapas, otros constituyen en la montaña las CPR.

**8-8-1983**

Mejía Víctores sustituye a Ríos Montt mediante otro golpe.

| | |
|---|---|
| **1984** | Muchos refugiados son trasladados a Quintana Roo y Campeche. |
| **14-1-1986** | Vinicio Cerezo (Democracia Cristiana) es elegido Presidente. |
| **7-8-1986** | Acuerdos de Esquipulas II entre los presidentes centroamericanos para la pacificación del istmo. |
| **30-5-1987** | Se instala la CNR. |
| **7-10-1987** | Inicio de conversaciones Gobierno-URNG. |
| **9-10-1987** | Suspensión de las conversaciones por imperativo del Ejército. |
| **1987-1988** | «Ofensiva Fin de Año» contra las CPR. |
| **27-12-1987** | Se constituyen en México las CCPP. |
| **1990** | Se producen encuentros entre la guerrilla y distintos sectores del país: en El Escorial (con partidos políticos), en Ottawa (con el empresariado), en Quito (con el religioso), en Metepec (con el sindical y popular) y en Atlixco (con académicos, cooperativistas, profesionales y pequeños empresarios). |
| **30-3-1990** | URNG y CNR firman el Acuerdo Básico para la Búsqueda de la Paz por Medios Políticos. |
| **1991** | Serrano Elías (Movimiento de Acción Solidaria) es elegido Presidente. |
| **25-7-1991** | Acuerdo Marco sobre Democratización para la Búsqueda de la Paz por Medios Políticos. |
| **8-10-1992** | Acuerdo entre Gobierno y CCPP para que los refugiados retornen a Guatemala. |
| **20-1-1993** | Primer retorno organizado y colectivo. Se funda la comunidad Victoria 20 de Enero. |
| **25-5-1993** | Serrano Elías intenta dar un «autogolpe», pero fracasa. Por consenso se nombra presidente a de León Carpio (sin filiación política). |
| **10-1-1994** | Acuerdo Marco para la Reanudación del Proceso de Negociación entre el Gobierno de Guatemala y la URNG. |
| **29-3-1994** | Acuerdo Global sobre Derechos Humanos. |
| **17-6-1994** | Acuerdo para el Reasentamiento de las Poblaciones Desarraigadas por el Enfrentamiento Armado |

| | |
|---|---|
| **23-6-1994** | Acuerdo sobre Establecimiento de la Comisión para el Esclarecimiento Histórico de las Violaciones a los Derechos Humanos y los Hechos de Violencia que han Causado Sufrimiento a la Población Guatemalteca. |
| **31-3-1995** | Acuerdo sobre Identidad y Derechos de los Pueblos Indígenas. |
| **5-10-1995** | Masacre de Xamán (Chisec, Alta Verapaz). 11 campesinos son asesinados y 27 resultan heridos. |
| **7-1-1996** | Arzú Írigoyen (Partido de Avanzada Nacional) es elegido Presidente. |
| **6-5-1996** | Acuerdo sobre Aspectos Socioeconómicos y Situación Agraria. |
| **19-9-1996** | Acuerdo sobre Fortalecimiento del Poder Civil y Función del Ejército en una Sociedad Democrática. |
| **4-12-1996** | Acuerdo sobre el Definitivo Cese al Fuego. |
| **7-12-1996** | Acuerdo sobre Reformas Constitucionales y Régimen Electoral. |
| **12-12-1996** | Acuerdo sobre Bases para la Incorporación de URNG a la Legalidad. |
| **29-12-1996** | Acuerdo sobre Cronograma para la Implementación, Cumplimiento y Verificación de los Acuerdos de Paz y Acuerdo de Paz Firme y Duradera. |
| **24-4-1998** | Entrega del informe Guatemala: Nunca Más, de REMHI. |
| **26-4-1998** | Asesinato de Monseñor Gerardi, coordinador de REMHI. |
| **11-1998** | Huracán Mitch, que azota Honduras, Nicaragua, Guatemala y El Salvador. |
| **25-2-1999** | Entrega del informe Guatemala Memoria del Silencio, de la CEH. |
| **27-2-1999** | Los máximos responsables de la CEH abandonan Guatemala. |
| **16-5-1999** | Triunfo del «No» en la Consulta Popular sobre las Reformas Constitucionales. |
| **14-1-2000** | Alfonso Portillo la Presidencia de la República y Ríos Montt (ambos del Frente Republicano Guatemalteco) la Presidencia del Congreso. |

**14-1-2004**   Óscar Berger (Gran Alianza Nacional) asume la Presidencia de la República.

**14-1-2008**   Álvaro Colom (Unidad Nacional de la Esperanza) asume la Presidencia de la República.

**14-1-2012**   Otto Pérez Molina (Partido Patriota) asume la Presidencia de la República.

**03-9-2015**   Alejandro Maldonado Aguirre (independiente) asume la Presidencia de la República, al condenar a 16 años de prisión por corrupción al presidente Otto Pérez Molina.

**14-1-2016**   Jimmy Morales (Frente de Convergencia Nacional) asume la Presidencia de la República.

**14-1-2020**   Alejandro Giammattei (Vamos) asume la Presidencia de la República.

**20-8-2023**   Bernardo Arévalo (Movimiento Semilla), hijo del expresidente Juan José Arévalo, gana las elecciones iniciando un gobierno de esperanza pero que pronto caerá en uno de los errores más comunes de la izquierda: el despilfarro del gasto público.

# BIBLIOGRAFÍA

## Fuentes Estadísticas y Documentales

CEH (1999). *Guatemala Memoria del Silencio*. Guatemala: UNOPS.

EJÉRCITO DE GUATEMALA (1984). *Las patrullas de autodefensa civil: la respuesta popular al proceso de integración socio-económico-político en la Guatemala actual*. Guatemala: Departamento de Información y Divulgación del Ejército.

EJÉRCITO DE GUATEMALA (1985). *Polos de Desarrollo y Servicios: Historiografía Institucional*. Guatemala: Editorial del Ejército.

REMHI (1998). *Guatemala Nunca Más*. Guatemala: ODHAG.


## Fuentes sobre Economía y Política de Guatemala

ARIAS, A. (1985) «El movimiento indígena en Guatemala: 1970-1983», en *Movimientos Populares en Centroamérica*. MEJÍVAR y CAMACHO (coords.). San José de Costa Rica: FLACSO-UNU-IISUNAM.

BALL, Patrick, Paul KOBRAK y Hebert F. SPIRER (1999). *State Violence in Guatemala, 1990-1996. A Quantitative Reflection*. Washington: AAAS-CIIDH.

BASTOS, Santiago y Manuela CAMUS (1995). *Abriendo caminos. Las organizaciones mayas desde el Nobel hasta el Acuerdo de derechos indígenas*. Guatemala: FLACSO.

BASTOS, Santiago y Manuela CAMUS (1996, 3ª ed.). *Quebrando el silencio. Organizaciones del pueblo maya y sus demandas (1986-1992)*. Guatemala: FLACSO.

CARMACK, Robert. (ed.) (1991). *Guatemala: Cosecha de violencias*. San José de Costa Rica: FLACSO.

CENTRO DE ESTUDIOS INTEGRADOS DE DESARROLLO COMUNAL (1990). *Polos de desarrollo: El caso de la desestructuración de las comundades indígenas de Guatemala*. México: Editorial Praxis.

CENTRO INTERNACIONAL PARA INVESTIGACIONES EN DERECHOS HUMANOS Y GRUPO DE APOYO MUTUO (1996). *Quitar el agua al pez: Análisis del terror en tres comunidades rurales de Guatemala (1980-1984)*. Guatemala: CIIDH y GAM.

COJTÍ, Demetrio (1995). *Configuración del Pensamiento Político del Pueblo Maya (2ª Parte)*. Guatemala: Cholsamaj-Seminario Permanente de Estudios Mayas.

FALLA, Ricardo (1991). *Masacres de la selva*. Guatemala: Ed. Universitaria.

GARCÍA NOVAL, José (1999). «Entre Dos Fuegos. Desde el mundo de los gatos pardos», en *De la Memoria a la Reconstrucción Histórica*. Guatemala: AVANCSO.

GONZÁLEZ, José y Antonio CAMPOS (1983). *Guatemala: Un pueblo en lucha*. Madrid: Revolución.

GRABER, G.S. (1996). *Caravans to Oblivion : Armenian Genocide, 1915*. Nueva York: John Wiley & Sons.

GRAMAJO, Héctor Alejandro (1995). *De la guerra... a la guerra: la difícil transición política en Guatemala*. Guatemala: Fondo de Cultura Editorial.

GUZMÁN BÖCKLER, Carlos y Jean-Loup HERBERT (1995, 6ª ed.). *Guatemala: una interpretación histórico-social*. Guatemala: Cholsamaj.

IEPALA (1980). *Guatemala: un futuro próximo*. Madrid: Instituto de Estudios Políticos de América Latina y África.

JUARROS, Domingo (1981). *Compendio de la historia del reino de Guatemala*. Guatemala: Piedra Santa.

KRUIJT, Dirk y Rudie VAN MEURS (2000). *El Guerrillero y el General. Rodrigo Asturias y Julio Balconi*. Guatemala: FLACSO.

LÁZARA, Simón (1987). «Desaparición forzada de personas. Doctrina de la seguridad nacional y la influencia de los factores económicosociales», en *La Desaparición, Crimen contra la Humanidad*. Asamblea Permanente por los Derechos Humanos, Buenos Aires.

LEGUINECHE, Manuel (1998). «La Frutera», en *El País Domingo*. Madrid, 15 de noviembre, pp. 1-4.

MAESTRE, Juan (1969). *Guatemala: Subdesarrollo y violencia*. Madrid: IEPAL.

MÉRIDA, Mario (2000). *Testigo de conciencia*. Guatemala: Mario Mérida.

MONTEFORTE, Mario (1972). *Centroamérica (2): Subdesarrollo y Dependencia*. México: Instituto de Investigaciones Sociales (Universidad Nacional Autónoma de México).

ORTEGA, José (1984). *La estrategia USA en Centroamérica*. Madrid: Alba.

PAZ, Guillermo (1997, 3ª ed.). *Guatemala: Reforma Agraria*. Guatemala: FLACSO.

PERERA, Víctor (1993). *Unfinnished Conquest: The Guatemalan Tragedy*. Los Ángeles: The University of California Press.

SCHLESINGER, Stephen y Stephen KINZER (1982). *Fruta amarga: la CIA en Guatemala*. México: Siglo Veintiuno.

SICHAR, Gonzalo (1998). *Guatemala: ¿contrainsurgencia o contra el pueblo?. Crónica de una guerra no declarada y de una paz firmada*. Madrid: H+H.

SICHAR, Gonzalo (2000). *Masacres en Guatemala. Los gritos de un pueblo entero.* Guatemala: GAM.

SICHAR, Gonzalo (2003, 3ª ed.). *Historia de los Partidos Políticos Guatemaltecos. Distintas siglas de (casi) una misma ideología.* Chimaltenango: Nojib'sa.

SICHAR, Gonzalo (2004). *Acompañando a Guatemala. Diario de un observador de derechos humanos.* Madrid: Sepha.

SICHAR, Gonzalo (2005). *Viaje después de una masacre.* Madrid: Sepha.

SICHAR, Gonzalo (2007). *Comunidades arrasadas.* Málaga: Sepha.

SOLÓRZANO, Silvia (1989). *Mujer alzada.* Barcelona: Sendai.

STOLL, David (1993). *Between Two Armies in the Ixil Towns of Guatemala.* New York: Columbia University Press.